Claudia & David Arp

Was glückliche Familien richtig machen

Sieben Basics für starke Familien

BRUNNEN
VERLAG GIESSEN·BASEL

© 2005 David und Claudia Arp
www.marriagealive.com

Übersetzung aus dem Amerikanischen: Antje Gerner
Lektorat: Renate Hübsch

Bibelzitate erfolgen, wenn nicht anders gekennzeichnet,
nach der Übersetzung: Hoffnung für alle.
© 1986, 1996, 2002 by International Bible Society
Übersetzt und herausgegeben durch Brunnen-Verlag Basel, Schweiz.

Die Deutsche Bibliothek – CIP-Einheitsaufnahme
Ein Titeldatensatz für diese Publikation ist bei
Der Deutschen Bibliothek erhältlich.

© 2005 Brunnen Verlag Gießen
www.brunnen-verlag.de
Umschlagfoto: IFA, Düsseldorf
Umschlaggestaltung: Ralf Simon
Karikaturen: Peter Esser
Satz: Die Feder GmbH, Wetzlar
Herstellung: St.-Johannis-Druckerei, Lahr
ISBN 3-7655-1347-4

Inhalt

Einführung:

Was macht Familien stark?

Wir waren großartige Eltern – jedenfalls, solange wir keine Kinder hatten. Wir hatten drei unfehlbare Theorien über die richtige Erziehung. Dann aber hatten wir drei Kinder – und mussten entdecken, dass unsere Theorien nicht gerade hilfreich waren. Zwar mussten wir unsere Theorien hinter uns lassen. Was wir aber nie aufgegeben haben, das war unser Wunsch und unser Ziel, eine glückliche Familie zu haben. Und das hieß: eine Familie, die zusammenhält, in der es liebevoll zugeht, einen Ort, an dem wir alle wirklich zu Hause sein konnten und die Geborgenheit, Liebe und Unterstützung fanden, die wir uns wünschten.

Und Sie haben vermutlich denselben Wunsch – sonst hätten Sie dieses Buch nicht in die Hand genommen. Ebenso wie wir möchten Sie enge und tragfähige Beziehungen gestalten, Werte weitergeben und eine Familie bauen, die zusammenhält. Und das ist in unserer heutigen Gesellschaft ein recht waghalsiges Unternehmen. Sie können jede Menge Informationen darüber bekommen, was man vermeiden sollte, wenn man ein glückliches Familienleben anstrebt. Aber es ist nicht so einfach, Unterstützung und konkrete Hinweise zu finden, wie ein starker Familienzusammenhalt konkret aufgebaut werden kann.

Unzählige Bücher und Zeitschriftenbeiträge haben untersucht, woran Familien scheitern. Das allgemeine Klima in unserer Gesellschaft scheint langfristigen Beziehungen und dauerhaftem Familienzusammenhalt nicht förderlich zu sein. Und wenn die Kinder älter werden, wird die Erziehungsaufgabe der Eltern nicht einfacher: zu schnell ändern sich Werte, Lebensstile und Einstellungen.

Die Schlagzeilen der Presse zeichnen ein deutliches Bild: das Modell „Familie" scheint ausgedient zu haben. Die Zahl der Single-Haushalte in Großstädten liegt bei ca. 46 %. „Kinder sind ein Armutsrisiko" – „Deutschland stirbt aus" – „Krise der Schule ist eine Krise der Familie" – solche und ähnliche Schlagzeilen machen offenbar, dass mit unseren Familien etwas nicht mehr stimmt. Unsere Gesellschaft hat sich in den letzten Jahrzehnten radikal verändert. Früher wurden Familienwerte hoch gehalten, die Kultur diente als Sicherheitsnetz. Jetzt aber ist die Atmosphäre in der Gesellschaft im Allgemeinen nicht mehr „familienfreundlich". Familien sind vielen Stressfaktoren ausgesetzt, von schlechten Chancen auf dem Wohnungsmarkt über Lohnkürzungen und Arbeitszeitverlängerungen bis hin zur Arbeitslosigkeit. Dazu kommt ein übervoller Terminkalender aller Eltern und das ständig im Hintergrund lauernde Schuldgefühl, nicht mehr erreicht zu haben.

Kindern wird das vorenthalten, was für sie eigentlich am wichtigsten ist: gemeinsame Zeit. Zeit für fröhliche Familienunternehmungen oder Spiele, ausgedehnte gemeinsame Mahlzeiten, unverplante Zeit, in der die großen und kleinen Ereignisse des Tages in gelöster Atmosphäre besprochen werden; die Gelegenheit, auch einmal tief gehende Gespräche mit Eltern oder Geschwistern zu führen und gemeinsam Meinungsverschiedenheiten zu diskutieren und Konflikte zu lösen.

Die Familienforscherin Dolores Curran stellt fest: „Wir haben so lange auf die Schwächen heutiger Familien gestarrt, dass wir ihre Stärken vollständig vergessen haben." Da verwundert es nicht, wenn in vielen Familien offen um Hilfe gerufen wird. Die Kommunikation müsste verbessert, der konstruktive Umgang mit Konflikten eingeübt werden. Außerdem fehlt ein gutes Zeitmanagement, damit durch gemeinsame Unternehmungen die Beziehungen untereinander gestärkt werden. Aber: Diese Hilfe gibt es!

Es gibt sie, die gesunden Familien, auch inmitten unserer so gestressten Welt! Wir wissen das, weil sich engagierte Familienforscher seit langem ganz genau anschauen, was gesunde Familien richtig machen. Seit mehr als zwanzig Jahren besteht zwischen Universitäten weltweit ein intensiver Austausch zu dem Thema: Was macht eine starke Familie aus? Mehr als 17 000 Familien aus 25 verschiedenen Ländern haben an Studien teilgenommen und namhafte Wissenschaftler haben die positivsten Merkmale starker Familien herausgefunden.[1]

Diese Forschungsergebnisse haben wir als Grundlage genommen, um sieben wesentliche Eigenschaften starker Familien vorzustellen – die „Basics", die unverzichtbaren Grundlagen für ein glückliches Familienleben. Wir möchten Ihnen einen ganzen Ideenpool anbieten, wie Sie Ihre Familie in diesen sieben Bereichen voranbringen können. Und das nicht nur mit grauer Theorie, sondern mit Modellen, die Spaß machen und sich einfach umsetzen lassen. Praktische Möglichkeiten, wie real existierende Familien ihre ganz eigenen Stärken entwickeln und fördern können. Suchen Sie sich aus den Tipps und Vorschlägen für Familienprojekte etwas aus, genießen Sie den Spaß, wenn Sie darangehen, die Vorschläge umzusetzen. Und lassen Sie sich überraschen, wie bald die sieben Basics starker Familien auch Ihr Familienmiteinander kennzeichnen – und bereichern werden:

● Starke Familien verbringen Zeit miteinander.
● Starke Familien betonen das Positive.
● Starke Familien reden miteinander.
● Starke Familien gehen in Stress und Konflikten großzügig miteinander um.
● Starke Familien arbeiten zusammen und fördern die Verantwortung des Einzelnen.
● Starke Familien kennen und gestalten ihre „Familienspiritualität".
● Starke Familien können gemeinsame Freizeit genießen und haben Spaß am Zusammensein.

Sie können Ihre Familie stärken und Ihr Familienleben lebendiger gestalten. Die folgenden Vorschläge zeigen Ihnen einige Möglichkeiten dazu. Sie werden merken: Sie sind leicht umzusetzen – und Spaß machen Sie auch noch.

Wie sieht es bei Ihnen aus?

Wie würden Sie Ihre Familie beschreiben? Machen Sie sich doch die Mühe und nehmen Sie Ihre Familienbeziehungen einmal genau unter die Lupe. Vielleicht treffen Begriffe wie „stark", „glücklich" und „gesund" auf Ihre Familie ganz und gar nicht zu. Vielleicht ist Ihr Verhältnis zueinander gespannt; Ihre Kinder streiten ständig miteinander und mit Ihnen. Und vielleicht glimmt in Ihnen nur noch ein ganz kleiner Funke Hoffnung, dass sich das zum Besseren ändern könnte. Sie sind sich überhaupt nicht sicher, dass Ihre Familie jemals zu einem Hort der Freude und Geborgenheit werden könnte.

Lassen Sie sich Mut machen: Morgen kann es schon besser sein! Wie immer die Herausforderungen und Probleme aussehen, vor denen Sie momentan stehen – Sie können konkrete Schritte unternehmen, um die Beziehungen zu verbessern. Es geht ja nicht darum, eine perfekte Familie zu schaffen, in der Krisen, Konflikte oder Stress abgeschafft wären. Aber es geht durchaus darum, eine Familie zu formen, die widerstandsfähig ist, in der man liebevoll miteinander umgeht und sich füreinander einsetzt. Wir fanden folgende Definition, die sehr gut beschreibt, wie eine starke Familie aussehen kann:

Eine Familie ist ein Baum mit tiefen Wurzeln und mit verschieden starken Ästen, die alle ihre Kraft aus einer nie versiegenden Quelle bekommen.

Eine Familie ist ein Ort, an dem der Charakter geformt, Werte vermittelt und ethische Prinzipien grundgelegt werden. Durch sie wird die Gesellschaft erhalten.

Eine Familie ist eine Gemeinschaft, in der man zusammenarbeitet, miteinander teilt, Verantwortung übernimmt und wo jeder seinen Beitrag zum Wohl des Ganzen leistet.

Eine Familie ist eine Gemeinschaft, die Feiertage festlich und fröhlich begeht, Geburtstage mit Geschenken feiert, und die die Wirklichkeit der Vergangenheit durch schöne Erinnerungen lebendig erhält.

Eine Familie ist ein Ort, an dem man mit seinem Schmerz und seiner Trauer Trost findet, an dem man Freude und Glück teilt und den Alltag durch Freundlichkeit und Ermutigung erleichtert. Eine Familie ist ein Ruheort, eine Stätte des Friedens und vor allem ein sicherer Hafen der Liebe.

Dazu möchten wir noch unsere eigene Definition hinzufügen:

Eine Familie ist der Ort, wo man Fehler machen und vergessen kann, den Müll 'rauszubringen – und trotzdem noch geliebt wird. Eine Familie ist der Ort, wo Brüder und Schwestern sich streiten und trotzdem Freunde bleiben können. In einer Familie hält man zusammen, auch wenn die Dinge weit davon entfernt sind, perfekt zu sein.

Es ist sicherlich gut, sich als Familie hohe Ziele zu stecken. Aber vergessen Sie dabei nicht, dass niemand perfekt ist und auch niemand eine perfekte Familie hat. Ihre Familie kann nicht perfekt sein – aber sie kann stark sein! Egal, wo Sie momentan stehen – der Weg, Ihre Familie zu stärken und enger zusammenzubinden, beginnt auf jeden Fall mit dem ersten Schritt. Wir möchten Sie einladen: Tun Sie ihn!

Wie sieht Ihr Traum von Ihrer Familie aus?

Unsere Familie ist ...

Kapitel eins

Starke Familien
verbringen Zeit miteinander

Unser Zuhause ist der Ort,
an dem wir die Zukunft schaffen.
T. BERRY BRAZELTON

Natürlich – auch wir haben bei der Erziehung unserer Kinder im Lauf der Jahre Fehler gemacht (mehr als genug, um ehrlich zu sein). Aber wir haben auch manches richtig gemacht. Einmal, als ich (David) unseren Sohn zum Fußballtraining fuhr, präsentierte er mir folgende Frage: „Dad, warum kann ich nicht meinen eigenen Chauffeur haben, der mich zum Training fährt? Oder wenigstens ein eigenes Zimmer, so wie Stefan? Er kriegt wirklich alles, was er sich wünscht. Hab ich dir schon mal erzählt, was der an Taschengeld bekommt? Es ist einfach unglaublich!"

Ich hörte meinem Sohn zu und fragte mich im Stillen: „Wie soll man darauf bloß reagieren?" Wir lebten damals in Wien, Claudia und ich arbeiteten als Ehe- und Familienberater. Wir verdienten zwar genug, um als Familie einigermaßen leben zu können, aber unsere finanziellen Mittel waren natürlich begrenzt. Unsere drei Söhne besuchten eine internationale Schule der Vereinten Nationen, und das hieß, dass ihre Klassenkameraden aus vielen verschiedenen Nationalitäten und unterschiedlichsten kulturellen, sozialen und wirtschaftlichen Verhältnissen kamen.

Die meisten standen finanziell weitaus besser da als wir – so auch Stefan, der Freund unseres Sohnes. Stefans Vater war Diplomat, die Familie lebte in einem riesigen Haus einschließlich Fahrstuhl. Der Begriff „Zimmer" war für Stefans Bleibe eine glatte Untertreibung. „Suite" hätte schon eher gepasst. Ich dachte: „Da kann ich nicht mithalten", und lenkte deshalb das Gespräch in eine andere Richtung.

„Hast du eigentlich schon deine Sachen für das Pfadfinderlager am Wochenende gepackt?", fragte ich. Ich hatte mir das Wochenende komplett freigehalten, um als Mitarbeiter mitfahren zu können.

In den Augen von Kindern schreibt sich Liebe so: Z – E – I – T.

Plötzlich und unvermittelt sagte mein Sohn: „Weißt du, Papa, Stefan bekommt zwar alles, was er sich wünscht, aber sein Vater verbringt längst nicht so viel Zeit mit ihm wie du mit mir. Er würde niemals mit Stefan zum Zelten gehen. Da ist mir meine Familie schon lieber. Was nützt es mir, wenn ich alles hätte, aber mein Vater keine Zeit für mich hat."

Zeit ist wertvoller als materieller Wohlstand. Zeit ist ein Baustein für starke Familien, damit fängt alles an. Wenn Sie Ihre Familie stark machen wollen, dann verbringen Sie Zeit miteinander. Das bedeutet nicht nur einfach beieinander zu sein. Wir kennen Familien, die, wie es aussieht, endlos viel Zeit zusammen verbringen, und doch würden wir sie nicht als stark, geschweige denn als gesund bezeichnen.

Die Debatte um die „Qualitätszeit"

Erziehungswissenschaft und Familienforschung haben den Begriff der „Qualitätszeit" geprägt – als Gegensatz zur „Zeitquantität", also der bloßen Menge an Zeit, die man miteinander verbringt. Es stimmt zwar, dass die Zeit, die wir als Familie miteinander verbringen, nicht automatisch auch wertvoll für die Beziehungen untereinander ist. Andererseits können wir „Qualitätszeit" nur genießen, wenn auch eine bestimmte Menge an Zeit („Zeitquantität") investiert wird. Wie überall im Leben gibt es aber natürlich auch hier nicht nur Schwarz und Weiß.

Wir kennen Familien, die wenig Zeit miteinander verbringen, die aber viele Züge einer starken Familiengemeinschaft aufweisen. Was macht den Unterschied aus? Die Art und Weise, *wie* die gemeinsame Zeit investiert wird. In diesem Kapitel wird es darum gehen, wie viel Zeit Ihnen tatsächlich zur Verfügung steht und wie Sie sie nutzen können, um die Familienbeziehungen zu stärken. Wir werden Wege aufzeigen, wie Sie sich „Zeitnischen" schaffen, Zeit doppelt nutzen und in Zukunft Zeit für Ihre Familie aufbringen können. Wenn Sie Ihre Familie stärken und das Miteinander bewusst gestalten wollen, dann ist es unverzichtbar, dass Sie sich dafür Zeit nehmen. Zeit miteinander zu verbringen ist ein Muss.

Eines ist klar: Zeit ist heutzutage ein unbezahlbares und seltenes Gut. In vielen Familien sind beide Ehepartner berufstätig. Und auch wenn einer zu Hause ist, scheint das Leben immer neue Anforderungen zu stellen, und die Termine der Kinder füllen auch noch die letzten Lücken im ohnehin schon übervollen Terminkalender.

> *Wer „Qualitätszeit" miteinander verbringen will, darf an der „Zeitquantität" nicht sparen.*

Vielleicht sind Sie auch allein erziehend und müssen quasi ums Überleben kämpfen. Ihren Wunsch nach einer starken Familie zu verwirklichen bedeutet für Sie eine noch größere Herausforderung als für Ehepaare, die immerhin gemeinsam daran arbeiten können. Oder Sie kümmern sich um Ihre Enkelkinder und möchten ihnen die Geborgenheit einer Familie so weit wie möglich schenken. Wie auch immer, wir möchten Sie ermutigen und Ihnen Anregungen geben, wie Sie Ihre Zeit am besten investieren können. Sie können eine starke Familie bauen, und alles beginnt mit diesen vier Buchstaben: Z-E-I-T. Als Erstes müssen Sie den Satz „Ich habe keine Zeit!" vollständig aus Ihrem Vokabular streichen.

„Ich habe keine Zeit"

Wenn Sie ein einigermaßen normaler Zeitgenosse sind, dann ist dieser Satz das größte Hindernis dafür, Zeit mit Ihrer Familie zu verbringen. Den meisten Menschen geht es nicht anders. Es gibt natürlich Ausnahmen, aber im Allgemeinen gilt: Wir haben die Zeit, wenn wir sie uns nur nehmen würden.

„Ich habe keine Zeit!" Das ist ein Satz, den sicherlich niemand gerne hört. Machen Sie die Probe aufs Exempel:

„Schatz, kannst du das bitte mal eben reparieren?"

„Tut mir Leid, ich habe keine Zeit."

Ihre Tochter sagt: „Mama, könntest du mir bitte bei den Hausaufgaben helfen?"

Ihre Antwort: „Siehst du nicht, dass ich beschäftigt bin?"

Hier können Sie ansetzen. Wenn Sie das nächste Mal sagen wollen: „Ich habe keine Zeit", dann ersetzen Sie „Zeit" durch „Liebe". Diese einfache Methode könnte Ihre Prioritäten völlig neu ordnen.

> *Streichen Sie den Satz „Ich habe keine Zeit!" aus Ihrem Wortschatz.*

Manchmal sind wir auch einfach zu unflexibel. Es gibt Situationen, in denen dieses „Ich kann gerade nicht" durchaus angebracht ist. Aber oft könnten wir sicherlich die Zeit finden – wir müssten sie uns nur nehmen.

Vielleicht sind Sie strukturiert und zielorientiert. In diesem Fall müssen Sie sich besonders darum bemühen, flexibler zu werden, besonders, wenn Ihr Ehepartner oder eines Ihrer Kinder einen Anteil von Ihrer so kostbaren Zeit erbittet.

Wir müssen lernen, ein gerade begonnenes (und ach so wichtiges) Projekt liegen zu lassen und den Moment zu nutzen. Denn Momente sind alles, was wir haben. Wie nutzen Sie Ihre?

So finden Sie Zeit für Ihre Familie

Wenn es Ihnen schwer fällt, Zeit für Ihre Familie zu finden, hier ein paar Tipps für Sie:

Tipp eins: Schaffen Sie sich Zeitnischen

Zeit für Ihre Familie finden Sie in bisher unentdeckten Zeitnischen. Wir haben noch nie jemanden klagen hören, dass er zu viel Zeit für seine Familie hat, der umgekehrte Fall ist uns dagegen schon häufig begegnet.

1. *Lassen Sie weniger wichtige Dinge ruhig einmal schleifen.* Die Erkenntnis, dass nicht immer alles sofort erledigt werden muss, ist der erste Schritt zu mehr Zeit für die Familie. Es ist in Ordnung, Dinge auch einmal etwas schleifen zu lassen. Die Liste von E-Mails kann auch später noch beantwortet werden, der Abwasch kann warten, eine Fernsehsendung kann man ruhig verpassen – und auch in einem nicht aufgeräumten Zimmer kann man kostbare Zeit etwa beim Vorlesen mit den Kindern verbringen.

2. *Schalten Sie den Fernseher aus.* Wenn der Fernseher aus ist, wird Zeit für andere Aktivitäten frei – z. B. für Gespräche. Lassen Sie nicht zu, dass er Ihr Wohnzimmer beherrscht, den Ort, an dem die Familie zusammenkommt. Stellen Sie das Gerät an einen schwer zugänglichen Platz. Das kann helfen.

3. *Machen Sie die Mahlzeiten zu Familienzeiten.* Bei gemeinsamen Mahlzeiten haben Sie Zeit. Entwicklungspsychologen sagen, dass das gemeinsame Einnehmen von Mahlzeiten die wichtigste

Aktivität des Familienlebens ist. Allerdings sollte dabei nicht der Fernseher laufen! Wussten Sie, dass ca. 80 Prozent aller Familien bei laufendem Fernseher essen und dass ein hoher Prozentsatz überhaupt keine gemeinsamen Mahlzeiten mehr kennt? Familienforscher haben festgestellt, dass Kinder, in deren Familie es gemeinsame Mahlzeiten gibt, besser in der Schule sind, besser mit anderen kommunizieren und anpassungsfähiger sind. Machen Sie die Mahlzeiten zu Familienzeiten. Essen Sie nicht immer am selben Ort, wechseln Sie zwischen Küche und Esszimmer. Bei schönem Wetter essen wir gerne auf dem Balkon. Das ist unsere Nische für Qualitätszeit.

Praxistipp

Gesprächsstoff-Sammlung

Basteln Sie mit Ihren Kindern eine schön verzierte Schachtel. Jeder aus der Familie darf hier Vorschläge hineinwerfen, worüber beim Essen gesprochen werden soll. Bei den Mahlzeiten wird reihum ein Vorschlag gezogen.
Seien Sie kreativ, passen Sie diese Idee an Ihre individuelle Situation an. Vielleicht wird Ihre Schachtel auch eine Rätselkiste oder eine Witzesammlung. Geben Sie dem Projekt einen fantasievollen Namen.

----

4. *Nutzen Sie gemeinsame Autofahrten.* Unterhalten Sie sich im Auto, spielen Sie etwas oder singen Sie. Ihre Zuhörer können ja nicht weglaufen. Einige der besten Gespräche mit unseren Söhnen hatten wir auf den Fahrten zur Schule oder zu anderen Aktivitäten.

5. *Gestalten Sie das Zubettgehen besonders.* Die Zeit vor dem Schlafengehen kann die Zeit besonderer Nähe sein – oder auch Zeit für Geschichten, für Gespräche über Hoffnungen und Ängste, für gemeinsames Gebet. Ein Vater, der beruflich viel

unterwegs ist, hat für seine Kinder Gute-Nacht-Geschichten aufgenommen – natürlich selbst erzählt. Sie hören so gerne von den Abenteuern, die er als Junge erlebt hat. Ein anderer Vater, ebenfalls viel unterwegs, ruft jeden Abend um acht Uhr seine Kinder an und liest ihnen per Telefon etwas vor. Eine Bekannte hat die Lieblingsgeschichten ihrer Enkelkinder auf Kassette aufgesprochen, sodass sie sie beim Einschlafen hören können. Es ist bestimmt nicht einfach, Zeit zu finden. Aber wenn wir intensiv suchen, werden wir merken: Sie ist bereits da!

Nutzen Sie Ihre Zeit doppelt

Praxistipp

Wenn man eine Familie besucht, sieht man auf den ersten Blick, ob eines der Kinder unter fünf ist: Man muss die Seife waschen, bevor man sie benutzen kann! Vielleicht ist das Ihre aktuelle Familienphase: Sie haben mehr schmutzige Seife als Zeit. In der Kleinkinderphase Zeit für die Familie zu finden, ist nicht einfach.

Hier ein Tipp für Sie: Nutzen Sie bestimmte Zeiten doppelt. Wenn Sie Wäsche zusammenlegen, lassen Sie Ihr Kind seine Kindergartentasche packen. Wenn Sie das Abendessen vorbereiten, lassen Sie Ihr Kind den Tisch decken oder sein Spielzeug aufräumen. Stellen Sie die Uhr und machen Sie einen Wettbewerb daraus: Wie viele Dinge kann man in 60 Sekunden aufheben und an ihren Platz stellen? Suchen Sie weitere Möglichkeiten, wie Sie Ihre kleineren Kinder in Arbeiten mit einbeziehen können, die Sie sowieso erledigen müssen. Wenn Sie aus den vielen kleinen Routinesituationen des Alltags das Beste machen, dann haben Sie nicht nur Ihren Haushalt besser im Griff, sondern auch eine intensive Zeit mit Ihrem Kind verbracht!

Tipp zwei: Überwinden Sie den Virus „Überengagement"

Was würden Sie tun, wenn Ihre ganze Familie von einem tödlichen Virus bedroht wäre? Sie würden sicherlich verzweifelt nach einem Gegenmittel suchen. Es gibt diese Krankheit und sie heißt: Überengagement. Wenn Sie eine typische Familie sind, dann hat sie bereits an Ihrer Ehe und den Beziehungen innerhalb Ihrer Familie genagt. Für uns als Familie wurde einmal ganz deutlich, dass unser Leben zu hektisch war, als an einem Sonntag der Herd kaputt ging, und es bis zum nächsten Sonntag niemand bemerkte.

Viele Familien sind von einem gefährlichen Virus bedroht: Überengagement. Lernen Sie, Dinge zu lassen – selbst wenn es gute Dinge sind.

Überengagement wird oft erst entdeckt, wenn es bereits zu spät ist. Hier einige Symptome:

- Sie haben zu so vielen, natürlich wichtigen und schönen Aktivitäten Ja gesagt (natürlich geht es immer um das Beste für die Kinder), dass Sie sich völlig verzetteln. Selbst wenn Sie Ihren Herd benutzen – es ist niemand zu Hause, der essen könnte, was Sie darauf zubereiten.
- Sie haben zu so vielen Anschaffungen Ja gesagt und müssen jetzt hart arbeiten, um die fälligen Rechnungen bezahlen zu können. Warum ist es so schwer zu lernen, dass Besitz noch lange keine starke Familie ausmacht?
- Sie sagen zu oft Ja zum Fernsehprogramm und berauben sich damit der wichtigsten Familienvitamine: miteinander reden und gemeinsam lesen.
- Sie surfen zu viel im Internet.

Sollten Sie ein Opfer von Überengagement sein, hier die gute Nachricht. Die Lösung des Problems ist gratis und seit Jahrhunderten bekannt. Es handelt sich um eine unscheinbare Kapsel, randvoll mit „Zeit-Freigabe-Kügelchen", von denen Sie täglich eine nehmen müssen. Die Kügelchen sehen aus wie das Wort „Nein". Nehmen Sie sich einige Minuten Zeit und schreiben Sie all das auf, was Sie durchaus tun könnten, zu dem Sie aber „Nein" sagen sollten. Versuchen Sie es – der Gesundheit Ihrer Familie wird es gut tun. Dann üben Sie die im Folgenden aufgeführten sieben Arten, „Nein" zu sagen.

Tipp drei: Lernen Sie, „Nein" zu sagen

Sie werden erst „Ja" zu Ihrer Familie sagen können, wenn Sie gelernt haben, „Nein" zu den Zeiträubern zu sagen. Das ist nicht einfach, besonders dann nicht, wenn es sich bei den Zeiträubern um Dinge handelt, die durchaus positiv sind. Wenn Ihnen das Wörtchen „Nein" ähnlich schwer über die Lippen kommt wie uns, dann setzen Sie die folgenden sieben Vorschläge in die Tat um.[2]

1. *Das absolut einleuchtende Nein:* „Ich bin diese Woche schon drei Abende außer Haus gewesen. Heute bleibe ich zu Hause und verbringe die Zeit mit meiner Familie."

2. *Das Nein nach dem bereits ausgesprochenen Ja:* „Nein, da habe ich einen Fehler gemacht. Ich hätte nicht zusagen sollen. Das muss ich leider rückgängig machen." Es hilft, wenn Sie eine solche Absage telefonisch machen – legen Sie schnell auf und atmen Sie einmal tief durch.

3. *Das „5-Sterne-Nein"* (Unser Lieblingsnein, denn – es gibt keine Gegenargumente): „Darauf muss ich verzichten."

4. Auch nicht schlecht: *Das „Im-Moment-nicht-Nein":* „Ich habe das schon gemacht, ich werde es auch wieder machen, aber momentan kann ich es einfach nicht."

5. *Das höfliche Nein:* „Es tut mir Leid, aber mein Kalender ist diese Woche (diesen Monat, dieses Jahr) schon so voll, für zusätzliche Termine ist einfach keine Zeit mehr."

6. Zu dem höflichen Nein gibt es eine *diplomatische Alternative:* „Wie schön, dass du an mich gedacht hast. Aber leider kann ich nicht."

7. Wenn das alles nicht klappt, bleibt noch *das absolute Nein:* „Ich kann einfach nicht. Ich möchte nicht, mir fehlen dazu die Zeit, die Kraft und das Interesse. NEIN!"

Sie werden sehen: Übung macht auch hier den Meister. Je öfter Sie „Nein" sagen, desto mehr Zeit und Energie werden Sie haben, um zu gemeinsamen Zeiten mit Ihrer Familie „Ja" zu sagen.

Tipp vier: Übernehmen Sie die Kontrolle über Medien, Computer und Computerspiele

Die Michigan State University stellte im Rahmen einer Studie vier- und fünfjährige Kinder vor die Wahl, entweder den Fernseher abzuschaffen oder ihren Vater. Eine übergroße Mehrheit entschied sich gegen den Vater. Wie würde Ihr Kind sich entscheiden? Schauen Sie sich Ihren Konkurrenten genau an – dieses einäugige Monster mit Namen Fernseher. Lassen Sie ihn für sich und nicht gegen sich arbeiten.

Hier einige Vorschläge:

1. Jüngere Kinder können sich ihre Fernseh- und Computerzeit *verdienen*: Die Zeit, die sie mit Lesen, kleinen Haushaltspflichten, Hausaufgaben oder mit dem Üben ihrer Instrumente verbracht haben, wird ihnen als „Medienzeit" vergütet (vielleicht nicht gerade 1:1 – finden Sie einen geeigneten Maßstab). Führen Sie darüber genau Buch.

2. Für eine vorher festgelegte Zeit für Fernsehen, Game Boy, Play Station oder Computerspiele wird (je nach Höhe des Taschengeldes) ein bestimmter Betrag in die „Familienkasse" gezahlt. Mit diesem Geld macht die Familie einen schönen Ausflug oder

geht schön essen. (Das überzeugt natürlich nur, wenn die Eltern in irgendeiner Weise einbezogen sind und nicht selbst jede freie Minute – und wenn die Kinder im Bett sind – vor dem Fernseher verbringen.)

3. Planen Sie langfristig – mit der Programmzeitschrift in der Hand. Schauen Sie sich eine geeignete Sendung gemeinsam an oder leihen Sie ein Video aus. Sprechen Sie hinterher über das Gesehene.

4. Machen Sie bei Sportsendungen ein „Wohnzimmerpicknick". Legen Sie eine Decke auf den Boden, bereiten Sie einen Imbiss vor, und feuern Sie dann Ihr Team an.

„Was macht eine Familie glücklich?"

Eintausendfünfhundert Schulkinder wurden gefragt: „Was macht für dich eine glückliche Familie aus?" Nur wenige nannten Fernsehen, Geld, ein gut eingerichtetes Haus. Für die meisten sind Kennzeichen einer glücklichen Familie, dass man gemeinsam etwas unternimmt und es genießt, dass man sich hat und zusammengehört.[3]

Tipp fünf: Schenken Sie besondere Aufmerksamkeit

Wie können wir sicherstellen, dass die Zeit, die wir als Familie miteinander verbringen, optimal genutzt wird? Ein Weg ist der, besondere Aufmerksamkeit zu schenken. Jeder braucht diese „Zeit zu zweit". Ist Ihnen schon einmal aufgefallen, dass Beziehungen immer als Zweierbeziehungen anfangen? Mit ein bisschen Überlegung können wir besondere Zeiten einplanen, in denen wir unseren Kindern besondere Aufmerksamkeit schenken und ganz bewusst an einer Zweierbeziehung mit ihnen arbeiten.

In seinem Buch **Kinder sind wie ein Spiegel** definiert Dr. Ross Campbell die besondere Aufmerksamkeit folgendermaßen: „Besondere Aufmerksamkeit bedeutet, dass wir unserem Kind unsere volle, ungeteilte Aufmerksamkeit in einer Weise schenken, die es ohne jeden Zweifel spüren lässt: Ich werde geliebt. Ich bin so wertvoll, dass mein Wunsch nach Zuwendung, Anerkennung und Beachtung erfüllt wird."[4]

Die besondere Aufmerksamkeit vermittelt also dem Kind, dass es für seine Eltern die wichtigste Person überhaupt ist. Wie können wir das praktisch umsetzen? Vielleicht beginnen Sie damit, dass Sie einen Nachmittag oder Abend allein mit nur einem Kind verbringen. So werden echte Beziehungen gebaut. Wir haben den Fehler gemacht, dass wir als Arp-Familie meist im Rudel unterwegs waren – schließlich hatten wir drei Söhne, da waren die Interessen gleich. Gruppenunternehmungen sind gut, aber in einer Gruppe lernt man jemanden nur bis zu einem gewissen Grad kennen.

Wie gut kennen Sie Ihre Kinder? Welche Lieblingsfarbe hat Ihr Kind? Was spielt es am liebsten? Was ist sein Lieblingsessen oder sein verhasstestes Schulfach? Wovor hat es am meisten Angst? Wenn Sie Ihr Kind besser kennen lernen möchten, führen Sie eine neue Tradition ein: „Nur-du-und-ich-Zeiten".

Vielleicht können Sie eine solche besondere Zeit mit jedem Kind wöchentlich einrichten. Wenn Sie mehrere Kinder haben, ist ein vierzehntägiger oder auch monatlicher Rhythmus wahrscheinlich realistischer. Die Häufigkeit ist dabei zweitrangig. Entscheidend ist, dass Sie solche Zeiten einrichten.

Aber Vorsicht: Bei älteren Kindern oder Teenagern brauchen Sie ein höheres Maß an Flexibilität. Da ist der „feste Termin mit Papa" kein selbstverständliches Highlight mehr für Ihr Kind. Achten Sie auf offene Türen und gute (vielleicht unerwartete) Gelegenheiten für Gespräche. Nutzen Sie diese Gelegenheiten, auch wenn sie gerade überhaupt nicht in Ihren Zeitplan passen, wenn es spät abends ist oder wenn Sie müde sind.

Nehmen Sie sich Zeit, um Ihren Kindern besondere Aufmerksamkeit zu schenken. Sie werden davon profitieren – Sie bauen an einer lebenslangen Freundschaftsbeziehung zu Ihren Kindern.

„Nur-du-und-ich-Zeiten" finden

Besonderer Aufmerksamkeit braucht Zeit. Hier einige Tipps, wie es klappen kann:

1. *Wenn das jüngere Kind Mittagsschlaf hält, nehmen Sie sich bewusst Zeit für das ältere Kind.*
2. *Wenn ein Kind nachmittags bei einem Freund ist, verbringen Sie die Zeit mit einem der anderen Kinder.*
3. *Wenn ein älteres Kind beim Sport oder beim Musikunterricht ist, machen Sie für das jüngere Kind ein Unterhaltungsprogramm zu Hause.*
4. *Gehen Sie mit einem Kind aus und lassen Sie die anderen in der Obhut eines Babysitters.*
5. *Bitten Sie Freunde, einen Nachmittag die Kinder zu nehmen, bis auf eins, mit dem Sie sich dann eine schöne Zeit machen.*

Praxistipp

Badezimmer-Fragestunde

Ein pfiffiger Vater hat die „Badezimmer-Fragestunde" erfunden. Wenn er sich morgens rasiert, dürfen seine Kinder ihm alle möglichen Fragen stellen, zu allem, was ihnen gerade so einfällt. Er bemüht sich nach Kräften, alles zu beantworten.

Praxistipp

Familienprojekte

Projekt eins: Entdecker-Mini-Urlaub

Warum durchbrechen Sie nicht einmal die normale Routine und machen mit Ihrer Familie einen Entdecker-Mini-Urlaub? Suchen Sie sich einen Ort aus, an dem Sie noch nie waren. Vielleicht haben Sie als Familie ein gemeinsames Interesse oder eine gemeinsame Frage, die Sie gerne beantwortet hätten. Das muss gar nicht unbedingt teuer werden. Setzen Sie sich 25,– Euro als Limit, und entdecken Sie, wie viel Spaß man damit haben kann! Oder setzen Sie sich ein Zeitlimit. Wie viele Dinge kann man sich in Ihrer Umgebung an einem Tag anschauen, wenn man nur über eine Mahlzeit fortbleiben will? Starten Sie nach dem Frühstück, gehen Sie mittags essen oder nehmen Sie etwas zum Picknicken mit und seien Sie zum Abendessen (das vielleicht an diesem Tag besondere Lieblingsgerichte umfasst) wieder zu Hause. Erhöhen Sie die Spannung, indem Sie das Ziel so lange wie möglich geheim halten.

Einige Vorschläge: Besuchen Sie einen Reiterhof, vielleicht gibt es eine Reitstunde inklusive. Suchen Sie sich einen besonderen Aussichtspunkt in der Umgebung und genießen Sie den schönen Blick. Fahren Sie in den Zoo oder in eine Austellung, an der auch die Kinder Freude haben. Vielleicht dürfen Sie auch bei Ihrer Lokalzeitung eine Betriebsbesichtigung machen oder Sie buchen für die ganze Familie einen Inlinerkurs.

Ganz Mutige können auch in eine Tierhandlung gehen. Aber achten Sie darauf, dass Sie Ihre Widerstandskraft auch mitnehmen – sonst kommen Sie mit einem neuen Hausgenossen nach Hause. Was Sie aber auf jeden Fall mit nach Hause bringen werden, sind neue Erinnerungen für den Familienschatz.

Projekt zwei: Lernen Sie eine neue Sportart

Als unsere Söhne anfingen, sich für Sport zu interessieren, erkannten wir sofort das Gebot der Stunde. Wir wollten als Eltern nicht nur ihren sportlichen Aktivitäten zuschauen, sondern als ganze Familie daran teilnehmen, und das bedeutete: Wir mussten etwas Neues lernen.

Ich (Dave) bin der sportlichere von uns beiden, und doch wollten wir es wirklich gemeinsam versuchen. Wir suchten eine Sportart, die wir gemeinsam mit unseren Kindern genießen konnten, auch wenn sie Teenager oder bereits erwachsen sein würden. Damals lebten wir in Österreich, daher bot sich das Skifahren an.

Unsere ersten Versuche auf der Piste werden wir niemals vergessen. Wir fühlten uns hilflos und unfähig, aber da wir alle blutige Anfänger waren, schuf das auch von Anfang an einen gewissen Teamgeist. Wir waren wild entschlossen, Skifahren zu lernen, auch wenn das nicht ohne Schmerzen gehen würde.

Die Zeit, die Sie jetzt in Ihre Familie investieren, wird in Zukunft eine reiche Dividende abwerfen.

Natürlich dauerte es nicht lange, bis unsere Söhne uns hoffnungslos überlegen waren. Für unsere Familienatmosphäre war das allerdings von Vorteil. Während der Pubertät können unsere Kinder anscheinend nur wenig richtig machen, wir Eltern sind ihnen an Erfahrung und Können immer voraus. Aber auf der Piste waren die Arp-Jungen die Experten. Manchmal fuhren sie sogar bewusst langsamer, um uns zu ermutigen oder uns gar einen kleinen Tipp zu geben.

Wenn Sie sich mit Ihren Kindern auf demselben Niveau bewegen wollen, dann suchen sie sich eine gemeinsame Sportart aus. Vielleicht kommt Skifahren für Sie nicht in Frage, aber was ist mit Tennis, Joggen oder Volleyball?

Sie werden wahrscheinlich nie reif für Olympia werden, aber schöne Erinnerungen sind Ihnen sicher.

P. S.: Die Zeit, die Sie jetzt in Ihre Familie investieren, wird in der Zukunft reiche Dividende tragen. Dieses Buch schreiben wir in den österreichischen Alpen. Warum wir hier sind? Abgesehen von der Tatsache, dass wir hier am allerliebsten sind, haben wir gerade eine Woche Familien-Skiurlaub gemacht: mit unseren beiden ältesten Söhnen und vier größeren Enkelkindern. Wir sehen mit großer Freude, dass unsere Söhne die Tradition des Skifahrens auch in ihren eigenen Familien fortführen, und mit allen auf der Piste Schritt zu halten ist für uns beide eine große Herausforderung! Im Rückblick sehen wir, dass sich der große Aufwand, als ganze Familie eine Sportart zu erlernen, wirklich gelohnt hat.

Projekt drei: Etablieren Sie einen Familien-Spieleabend

Planen Sie einen Abend, an dem Sie nur als Familie zusammen sind, an dem Sie entspannen, die Gemeinschaft genießen – und dann holen Sie Ihre Spielesammlung hervor. Eine Auswahl von Brettspielen:

Scrabble	Mensch-ärgere-dich-nicht
Die Siedler von Catan	Carcassone
Alhambra	Outburst
Halma	Monopoly
Risiko	Trivial Pursuit
Oder wie wäre es mit:	
Rommee	Tabu
Canasta	Elfer raus
Phase 10	Uno

Wenn Sie Ihre besondere Spiel-Leidenschaft entdecken, aber nicht ständig neue Spiele anschaffen wollen, versuchen Sie es in der örtlichen Leihbücherei: Die meisten Stadtbibliotheken bieten auch Spiele zum Ausleihen an. So kommt Abwechslung in Ihre Familienabende.

Kapitel zwei

Starke Familien
betonen das Positive

*Von einem schönen Kompliment
kann ich zwei Monate leben.*
MARK TWAIN

Wie ist das bei Ihnen mit dem berühmten Wasserglas? Ist es immer halb voll oder halb leer? In einer Familie spielt es eine große Rolle, ob man sich auf das Positive oder das Negative konzentriert. Starke Familien betonen das Positive. Erfahrene Erzieher ermutigen Eltern dazu, ihren Kindern so viel Anerkennung wie möglich zukommen zu lassen. Anerkennende Worte von den Eltern sind für Kinder wie Lichtschalter. Wenn Sie sie im richtigen Moment in das Leben Ihres Kindes hineinsprechen, dann ist es, als ob Sie in einem bis dahin dunklen Raum das Licht anknipsen. Es wird hell,

Mit einem anerkennenden Wort können Sie im Leben Ihres Kindes ein Licht anknipsen.

und Sie, und vor allem Ihr Kind, erkennen plötzlich eine ganze Bandbreite von Möglichkeiten.

Anna stammt aus einer Familie, in der es nicht ungewöhnlich war, eine akademische Laufbahn einzuschlagen. Daher erschrak sie ziemlich, als ihr Sohn Maximilian in seinem ersten Schulzeugnis in jedem Fach nur die Note „Befriedigend" hatte. Im Stillen dachte sie: Wie kommt er an diese Noten, und das schon in der ersten Klasse? Wie wird das erst später werden? Da schafft er ja niemals ein Studium! Aber sie hütete sich, diese Gedanken auszusprechen. Stattdessen sagte sie zu ihrem Sohn: „Maximilian, das ist ein ordentliches Zeugnis. Du hast in jedem Fach bestanden – und es gibt noch viel Spielraum für Verbesserungen. In dir stecken noch große Möglichkeiten!"

Starke Familien sind nicht deshalb stark, weil hier wirklich alles positiv wäre. Aber in starken Familien haben die Eltern sich entschieden, das Positive zu betonen und nicht das Negative. Und die Kinder spüren das deutlich! Viel zu oft lassen wir zu, dass aus unseren negativen Gedanken sich selbst erfüllende Prophezeiungen werden. „Ich wusste, dass du das wieder nicht schaffen wirst." „Ich hätte wissen müssen, dass ich dir nicht vertrauen kann." „Nie sagst du die Wahrheit." Was soll ein Kind tun, das mit derart negativen Aussagen bombardiert wird? Wahrscheinlich wird es mit seinem negativen Verhalten weitermachen.

In starken Familien gibt es auch Probleme. Aber die Eltern haben sich entschieden, das Positive stärker zu gewichten als das Negative.

Im Rahmen einer Studie, an der 3000 Familien teilnahmen, fanden amerikanische Forscher Folgendes heraus: Wenn Eltern für ihre Kinder positive Ausdrücke finden, ist ihre Haltung den Kindern gegenüber ebenfalls positiv, auch dann, wenn die Kinder ein extrem negatives Verhalten zeigen. Durch Betonung des Positiven konnten die Eltern das Potenzial sehen, das trotz negativer Charaktereigenschaften in ihren Kindern steckt. Zum Beispiel ist ein dickköpfiges Kind auch sehr entschlossen. Ein Kind, das zum Herumkommandieren neigt, besitzt vielleicht gute Führungseigenschaften. Ein unordentliches, chaotisches Kind ist kreativ und fantasievoll.[5]

Durch die Betonung des Positiven fühlen sich Kinder anerkannt und geschätzt (Erwachsene übrigens auch). Anerkennung ist ein grundlegendes Bedürfnis des Menschen, und wo könnte es besser gestillt werden als in der Familie? Es ist immer leicht, auf das Negative zu starren. Aber wir sollten uns auf das Positive konzentrieren und unseren Kindern, Ehepartnern, Eltern, Großeltern immer wieder unsere Anerkennung zeigen. Gardinenpredigten und von Kritik geprägte Vorträge können Sie Ihrem Hund halten! Wir haben vier Tipps für Sie, wie Sie in Ihrer Familie im Negativen das Positive entdecken können.

So können Sie das Positive betonen

Tipp eins: Nie mehr entmutigen

Bevor man anfangen kann, das Positive zu betonen, muss man zunächst aufhören, das Negative herauszustellen. Also fangen Sie damit an, aufzuhören! Hören Sie auf, anderen negative Etiketten anzukleben: „Faulpelz", „Trödler", „Träumer", „Heulsuse" und ähnliche Negativbestimmungen sollten Sie aus Ihrem Wortschatz verbannen. Wer möchte schon gerne als „Familiendepp" bezeichnet werden? Achten Sie einmal einen Tag lang ganz bewusst auf das, was Sie sagen. Stempeln Sie unbewusst Ihre Kinder mit negativen Begriffen ab? Hören Sie auf damit!

Ein anderer Entmutiger ist das Vergleichen. Kinder miteinander zu vergleichen ist kontraproduktiv und schädlich. Jemand hat einmal gesagt: Das Vergleichen ist die Wurzel aller psychischen Probleme. Vielleicht wollen Sie gerade sagen: „Wie sieht denn dieser Tisch

Vergleichen Sie Ihre Kinder nicht miteinander. Vergleiche gehören zu den großen Entmutigern.

schon wieder aus! Warum kannst du nicht sein wie deine Schwester – sie ist so viel ordentlicher als du!" Stop! Halten Sie inne und überlegen Sie kurz. Dann sagen Sie: „Du bist wirklich kreativ, aber du musst noch lernen, dass man seinen Platz ordentlich verlässt, wenn man mit einer Arbeit fertig ist." Die Gewohnheit zu entmutigen kann man am besten ablegen, wenn man anfängt, seine Umgebung zu ermutigen. Man ersetzt eine schlechte Angewohnheit durch eine gute.

Das ist natürlich leichter gesagt als getan. Vielleicht hilft Ihnen folgendes Vier-Punkte-Programm:

1. Versuchen Sie, über die angenehmen und positiven Dinge in Ihrer Familie zu sprechen. Finden Sie heraus, wer in der Familie sich in welchem Bereich über Ermutigung und Unterstützung freuen würde. Vielleicht sind Sie alle begeisterte Leser oder begeisterte Wanderer ... dann nehmen Sie sich oft Zeit für dieses gemeinsame Hobby. Oder Ihre Tochter spielt Klavier, der Sohne Tennis – und alle unterstützen sie dabei, indem Vorspiele und Tennismatchs selbstverständlich von der Familie besucht werden.

2. Stellen Sie eine „Ermutigungsliste" zusammen, auf der Sie festhalten, was für jeden in der Familie besonders ermutigend ist. Diese Liste wird kopiert, und jedes Familienmitglied bekommt ein Exemplar. Vielleicht wünscht sich Ihre Tochter, einmal Reaktionen auf die Texte, die sie verfasst, zu hören. Papa würde auch gern einmal ein „Dankeschön" hören, wenn er die Fahrräder der Familie in Ordnung gebracht hat. Und Mama wünscht sich, dass das mit viel Mühe gekochte Lieblingsmenü des Sohnes nicht einfach schweigend verschlungen, sondern vielleicht mit einem „Schmeckt lecker" anerkannt wird.

3. Jeder verpflichtet sich, zunächst für eine Woche, den anderen mindestens einmal am Tag etwas Ermutigendes zu sagen. Wenn das gut funktioniert hat, verlängern Sie um eine weitere Woche.

4. Geschriebenes behält man besser als Gehörtes. Nutzen Sie diese Tatsache und schreiben Sie öfter „Ermutigungsnotizen". Ein kleiner Zettel „Danke, dass du mit dem Hund spazieren warst!" kann für Ihr Kind – ob zehn oder vierzehn – eine echte Ermutigung sein.

Im Handumdrehen werden Sie sich diese Eigenschaft angewöhnt haben und zu einer Familie von Ermutigern geworden sein.

Praxistipp: Anerkennung – nichts als „heiße Luft"? Warum nicht?

Blasen Sie Luftballons auf und schreiben Sie auf jeden witzige oder ermutigende Botschaften. Sie können auch Zettel mit solchen Botschaften in die Ballons stecken. Verteilen Sie die Ballons im ganzen Haus als besondere Ermutigungsüberraschung. Haben Sie die Zettel-Variante gewählt, gibt es zu jeder Botschaft den „großen Knall".

Praxistipp

Tipp zwei: Suchen Sie bewusst nach dem Positiven

Niemandem fällt es schwer, Negatives zu entdecken, aber nach dem Positiven müssen wir schon ganz bewusst Ausschau halten. Bewerten Sie folgende Aussage als richtig oder falsch. „In einer gesunden Familie sind die positiven Eigenschaften jedes Familienmitglieds offensichtlich und brauchen keine regelmäßige Aufmerksamkeit."

Falsch! Jeder von uns muss hören, dass und warum er geschätzt wird. Trotzdem konzentrieren wir uns auf das Negative, zu unserem eigenen Nachteil. Wussten Sie, dass fünf positive Aussagen nötig sind, um eine negative Aussage auszugleichen? Auch hier wieder unser Vorschlag: Beobachten Sie sich einen Tag lang und achten Sie auf das Verhältnis von positiven zu negativen Aussagen. Und vergessen Sie nicht: Fünf zu eins heißt lediglich, dass ein Ausgleich erzielt wurde.

Wie erkennen wir das Positive und zeigen einander unsere Wertschätzung und Anerkennung?

- Verschießen Sie heute beim Abendessen eine Salve „Ermutigungsmunition". Vorausgesetzt natürlich, sie essen gemeinsam! Sagen Sie jedem Familienmitglied, was Sie an ihm oder ihr besonders schätzen.

  Bei einer Familienkonferenz haben wir das einmal mit einer ganzen Gruppe von Familien gemacht. Eine Mutter machte sehr deutlich, dass diese Munition große „Sprengkraft" hat: „Es war schon seltsam, wie ich mir plötzlich selbst bei meinen positiven Worten über unsere 14-jährige Tochter zuhörte. Aber als ich die Worte aussprach, wurden Sie für unsere Beziehung ganz real."

- Vielleicht erklären Sie den Dienstagabend zur „Nacht der Anerkennung". Jeder schreibt etwas Nettes über einen anderen. Die Zettel kommen in eine Schachtel, werden gezogen und laut vorgelesen. In der Woche darauf wird es noch spannender: Lassen Sie die Namen auf den Zetteln weg und raten Sie, wer wohl gemeint sein könnte.

- Machen Sie sich nicht der Demoralisierung der eigenen Truppen schuldig. Schneidende und abfällige Aussagen schwächen die eigene Mannschaft! Wir werden im Laufe unseres Lebens noch genug negative Bemerkungen hören. Unsere Familien sollten ein Ort sein, wo wir so viel Anerkennung wie nur irgend möglich bekommen.

  Eine Schlacht wird Zuhause, im Hauptquartier, vorbereitet – geschlagen wird sie außerhalb. Teilen Sie heute an Ihre Familie Ermutigungsmunition aus. Diese Schlacht können Sie gewinnen!

Praxistipp: Post für dich!

Vielleicht fallen Ihnen im Laufe des Tages Dinge ein, die Sie Ihrem Ehepartner oder Ihren Kindern sagen möchten. Schreiben Sie sie auf! „Ich mag dein Lächeln!" oder „In den neuen Jeans sahst du heute morgen toll aus!" oder „Danke, dass du die Küche aufgeräumt hast." Platzieren Sie Ihre Botschaften so, dass sie leicht gefunden werden.

Praxistipp

Vieles, was wir gerne sagen möchten, vergessen wir, wenn es nicht aufgeschrieben wird. Ein weiterer Vorteil: Der Empfänger kann sich den Zettel immer wieder durchlesen. Vielleicht wandert er sogar in die entsprechende „Schatzkiste" mit schönen Erinnerungen.

Tipp drei: Entwickeln Sie eine Haltung der Dankbarkeit

Sind Sie eine dankbare Familie? Nehmen Sie sich einen Moment Zeit, denken Sie an Ihre Familie und sagen Sie „Danke" für alles Positive, das Ihnen einfällt.

Vielleicht denken Sie jetzt: „Ich soll dankbar sein? Sie haben ja keine Vorstellung, was hier im Moment los ist!" Mag sein. Aber die Geschichte zeigt, dass Menschen, die über ihre eigenen Grenzen hinausblicken und dankbar sein konnten für das, was sie hatten, emotional besser zurechtkamen als Menschen, die sich als Opfer der Umstände betrachteten.

Bei der Dankbarkeit stellt sich die Frage: Wem soll ich überhaupt dankbar sein? Beginnen Sie damit, dass Sie Gott für das Leben danken, das er geschenkt hat. Denken Sie dann an die Gelegenheiten, bei denen Sie Gottes Segen in Ihrem Leben und im Leben Ihrer Familie erfahren haben. Danken Sie auch Ihrer Familie. Das ist auch eine Art, Anerkennung auszudrücken. Danken Sie Ihren Verwandten und Ihren Freunden für alle Ermutigung und Unterstützung, die Sie durch sie erfahren haben.

Dankbarkeit hat viele Vorteile. Unsere allgemeine Einstellung dem Leben gegenüber wird gesund. Wenn wir Gott danken, sind wir ihm näher. Wenn wir uns in der Familie gegenseitig danken, werden unsere Beziehungen stärker und harmonischer! Man kann nicht gleichzeitig dankbar und depressiv sein.

Für eine dankbare Haltung muss man sich täglich neu entscheiden. Wir können ständig über all die Dinge grübeln, die schief gelaufen sind – oder wir können dankbar sein. Starke

Man kann nicht dankbar und unglücklich zugleich sein.

Familien zeichnen sich dadurch aus, dass sie dankbar sind. Wie steht es mit Ihrer?

Praxistipp

Anerkennung erfahren

Eng verbunden mit der Dankbarkeit ist die Anerkennung. Fühlt sich jedes Mitglied Ihrer Familie anerkannt? Ist Ihre Antwort „Nein" oder „Ich weiß nicht genau", hier ein paar Tipps, wie das anders werden kann:

- *Sagen Sie öfter einmal: „Wenn es dich nicht gäbe, wäre es hier ganz anders."*
- *Fragen Sie einzelne Familienmitglieder nach ihrer Meinung – zu den Ereignissen des Tages, zu gemeinsamen Plänen, zu ... was immer Ihnen einfällt. Jeder möchte seine Gedanken gerne mitteilen. Gemeinsame Mahlzeiten eignen sich immer gut dafür.*
- *Halten Sie Erinnerungen lebendig. Fotoalben, selbst gedrehte Filme, PowerPoint-Präsentationen, Kassetten und Bilder leisten hier gute Dienste. Vielleicht haben Sie heute Abend Zeit, in Erinnerungen zu schwelgen. Schauen Sie zurück auf Ihre bisherige Familiengeschichte. Sätze wie: „Weißt du noch ..." schaffen ein enges Zusammengehörigkeitsgefühl. Als unsere Söhne einmal für die Ferien nach Hause kamen und unser Ältester seine Freundin mitbrachte, wurden zuallererst die alten Familiendias vorgeholt. Gespannt hörten wir zu, wie unsere Söhne diesem Mädchen unsere Familiengeschichte erzählten. Anscheinend trug sie keine bleibenden Schäden davon. Die beiden sind heute verheiratet, haben drei Söhne und bauen ihre eigene starke Familie!*
- *Setzen Sie nicht als gegeben voraus, dass Ihre Familie weiß, dass Sie sie lieben und achten. Sagen Sie es ihr – immer wieder. Denken Sie daran: Liebe ist der Klebstoff, der die Familie zusammenhält.*

Tipp vier: Fördern Sie Umsicht und einen Blick für die Bedürfnisse der anderen

„Die Menschen sind schlecht. Sie denken an sich. Nur ich denk an mich." Kennen Sie diesen Kanon? Der Mensch ist von Natur aus egoistisch. Ist Ihnen schon mal aufgefallen, dass uns niemand auffordern muss, an uns selbst zu denken? Wie können wir unsere Familie motivieren, an andere zu denken? Versuchen Sie es doch einmal mit dem „Schlüssel zum Glück".

Dies kann einfach irgendein Schlüssel sein. Natürlich bewirkt der Schlüssel an sich nichts, es kommt darauf an, ihn innerhalb der Familie in Bewegung zu halten. Je mehr der Schlüssel zirkuliert, desto mehr werden Sie an andere denken.

Und so funktioniert es: Jeder schreibt seinen Namen auf einen Zettel. Die Zettel kommen in einen Hut oder eine Schachtel, und ein Name wird gezogen. Dieser Glückspilz bekommt als Erster den Schlüssel zum Glück. Er oder sie kann nun irgendein Familienmitglied um einen Gefallen bitten. Wird er erfüllt, geht der Schlüssel an denjenigen, der sich für den anderen eingesetzt hat. Wichtig ist, dass der Schlüssel nicht in irgendeiner Schublade verschwindet, sondern in Bewegung bleibt!

Nicht nur der Hüter des Schlüssels wird dabei seinen Spaß haben. Die anderen werden entdecken, wie gut es tut, jemandem etwas Gutes zu tun. Also tun Sie zunächst einmal sich selbst einen Gefallen, indem Sie diesen Tipp in Ihrer Familie umsetzen. Freundliche Gesten werden dann keine Ausnahme mehr sein, und den Spaß gibt es gratis dazu.

Gerade in unserer Zeit ist es wichtig, Rücksichtnahme und einen Blick für das Wohl des anderen einzuüben.

Tipp fünf: Machen Sie sich auf Ihre Stärken aufmerksam

Sie können Ihre Familie auch stark machen, indem Sie über Ihre Stärken sprechen. Das hilft, sich auf das Positive zu konzentrieren.

Bei einem Familienrat zu diesem Thema werden Sie wahrscheinlich erstaunt sein, wie viele Stärken allen gemeinsam einfallen. Vielleicht ist der Anfang eher schleppend, aber: Halten Sie durch, es lohnt sich. Verteilen Sie Zettel und Stifte (kleinere Kinder sagen einfach, was ihnen einfällt), und los geht's: Jeder schreibt pro Familienmitglied eine Sache auf, die er an ihm oder ihr besonders schätzt. Das wird dann laut vorgelesen und besprochen. Sie werden überrascht sein, wie gut es tut, von der eigenen Familie einmal nur Positives zu hören.

Und auch das, was Sie zu hören bekommen, wird Sie überraschen. Einer unserer Söhne dankte Claudia einmal dafür, dass sie der „emotionale Notdienst" der Familie war.

Hilfreich für solche Gespräche können folgende Fragen sein:

- Welches ist meine (oder XYs …) größte Stärke, die ich (er/sie) in unsere Familie einbringe?
- An unserer Familie gefällt mir am besten . . .
- Wenn es dich in unserer Familie nicht gäbe, dann würde ich vermissen, dass …

Durch solche Mitteilungen wird Ihre Familie immer wieder Bestätigung erfahren. Und dies wiederum wird Sie darin bestätigen, mit diesem Prozess weiterzumachen!

Praxistipp

Praxistipp: Schreiben Sie einen „Dankbarkeitsrückblick"

Was hat Sie im letzten Jahr besonders dankbar gemacht? Bei der rückblickenden Bewertung von Dingen fällt uns meist nur ein, was wir wieder einmal nicht geschafft haben und wie erschöpft wir sind. Nicht erfüllte Erwartungen münden leicht in Enttäuschung und Entmutigung.

Folgende Übung hilft, die Perspektive wieder gerade zu rücken und das, wofür wir dankbar sind, konkret zu beschreiben:

Jeder schreibt drei Dinge auf, für die er dankbar ist. Waren alle gesund? Das ist doch ein guter Grund zur Dankbarkeit.

Der eine oder andere braucht für seine Liste vielleicht eine Struktur, dann schlagen Sie folgende Kategorien vor:

– Was ich gesehen habe

– Was ich gelernt habe

– *Was ich getan habe*
– *Was ich begonnen habe*
– *Was ich geschafft habe*
– *Was ich entschieden habe*
– *Was ich erfahren habe*

Dem Rückblick kann auch noch ein Ausblick folgen. „Worauf freue ich mich im nächsten Jahr?" Versuchen Sie es – es wird Sie zwingen, sich bewusst mit dem vergangenen Jahr auseinander zu setzen und – Sie werden eine dankbare Familie erleben.

Familienprojekte: So betonen Sie das Positive

Projekt eins: Der rote Teller

Jemand schickte uns vor vielen Jahren ein schönes Weihnachtsgeschenk. Es war ein roter Keramikteller mit der Aufschrift: Du bist heute etwas ganz Besonderes! Im Laufe der Jahre wurde dieser Teller unser wertvollster Besitz.

Er kommt immer dann zum Einsatz, wenn wir jemandem genau das sagen möchten: Du bist etwas Besonderes. Gelegenheiten gibt es viele: Geburtstag, Muttertag, Vatertag, wenn jemand bei einem Wettbewerb gewonnen hat, wenn jemand ein Tennismatch verloren hat, wenn jemand intensiv für eine Prüfung gelernt, sich aber leider auf die falschen Fragen vorbereitet hat etc. Verwenden Sie den Teller an Tagen, die besonders sind, egal ob im Positiven oder im Negativen.

Sie müssen solch einen Teller nicht kaufen, man kann ihn auch selbst gestalten. Einer Freundin gefiel diese Idee ausnehmend gut, und sie entdeckte in einer Töpferei einen roten Teller samt dazugehöriger Tasse für nur einen Euro. Das Gedeck kam an dem Tag zum ersten Mal zum Einsatz, als ihr Sohn einen Fahrradunfall hatte und sich dabei beide Schneidezähne ausschlug. Er konnte kaum essen, aber seinen Brei bekam er an diesem Abend auf dem roten Teller serviert.

Schaffen Sie mit dem roten Teller Ihre ganz eigene Familientradition. Er muss ja auch nicht unbedingt rot sein. Wichtig ist nur, dass Sie ihn oder irgendeinen anderen Gegenstand benutzen, um jemandem aus Ihrer Familie zu sagen: „Du bist etwas Besonderes."

Praxistipp: Der Heldenpokal

Die etwas abgewandelte Variante des roten Tellers. Wenn ein Familienmitglied ein Risiko eingegangen ist oder etwas Neues versucht hat, bekommt er oder sie diesen besonderen Becher, eben den Heldenpokal.

Praxistipp

Projekt zwei: Wichteln einmal anders

Wäre es nicht schön, zu Hause einen geheimnisvollen Helfer zu haben, wie es die Heinzelmännchen zu Köln waren? Sicher kennen Sie das „Wichteln" zur Weihnachtszeit – die kleinen Überraschungen, die von irgendwem irgendwo im Haus verteilt werden. Für uns ist das Wichteln eine Möglichkeit gewesen, einem anderen aus der Familie mehr Selbstvertrauen zu geben und ihm zu sagen: „Du bist etwas Besonderes, und ich schätze dich."

Das Projekt funktioniert folgendermaßen: Zunächst werden Lose vorbereitet mit den Namen aller Familienmitglieder. Jeder zieht danach ein Los (es sollte natürlich nicht der eigene Name draufstehen), der Name auf dem Los wird aber nicht verraten. Diesem Familienmitglied tut man nun eine Woche lang jeden Tag etwas Gutes, ohne dass natürlich die Identität des „Wichtels" bekannt wird. Gerade in unserer ich-zentrierten Kultur ist es nötig, dass wir üben, immer wieder einmal wegzuschauen von uns selbst und bewusst etwas für einen anderen zu tun.

Falls Ihnen Ideen für Aktivitäten des Wichtels fehlen, hier einige Vorschläge:

- Zettel mit Sprüchen oder Gedichten, die im Haus verteilt werden

- Spielzeug aufräumen
- Fahrräder in den Keller bringen
- Betten machen und gleich ein Betthupferl dazulegen
- saubere Wäsche zusammenlegen und wegräumen.
Ihnen fallen bestimmt noch mehr Dinge ein.

Die Wichtel sind eine Woche lang aktiv, dann wird in einer Auswertungsrunde geraten, wer wohl für wen als Wichtel zuständig war. Wenn Sie weitermachen möchten, mischen Sie die Lose neu und starten Sie eine neue Runde. Sie werden sicherlich überrascht sein, auf welch gute Ideen ihr persönlicher Wichtel kommt. Probieren Sie es aus!

Projekt drei: „Dies-ist-dein-Leben"-Album

Um zu betonen, dass jedes Ihrer Kinder etwas ganz Besonderes ist, können Sie ein besonderes Album anlegen, unter dem Motto: „Dies ist dein Leben". Diese Mappe gestalten Sie ganz individuell mit eigenen Kommentaren und mit dem Material, das Sie seit der Geburt Ihres Kindes gesammelt haben. Das können sein:

- Fotos
- „Kunstwerke"
- Witzige Aussprüche
- Informationen über Lehrer
- Besondere Aktivitäten
- Besondere Erfolge
- Feste
- Informationen über Freunde
- „Aha"-Erlebnisse
- „Premieren": der erste Zahn, der erste Schritt, der erste Schultag etc.

Wenn Ihre Kinder erwachsen sind und sich in ihrem Leben eingerichtet haben, geben Sie ihnen das Album. Vielleicht haben Sie damit, gewollt oder ungewollt, eine neue Familientradition begründet, denn wenn Ihre Kinder von ihrem eigenen Album begeistert sind, werden sie sicher auch für Ihre Enkelkinder solch eine Dokumentation anlegen.

Projekt vier: Der Lebens-Garten

Die Gestaltung des eigenen Gartens kann auch Familiengeschichte widerspiegeln! Wenn ein besonderes Ereignis bevorsteht, pflanzen Sie doch einen Baum, Busch oder sonst ein Gewächs, um dieses Ereignis zu feiern. Gelegenheiten gibt es viele:

- Geburtstag
- Weihnachten
- der erste Schultag
- der erste verlorene Milchzahn
- ein besonderer sportlicher Erfolg
- jedes andere Ereignis, das Sie feiern und an das Sie die Erinnerung lebendig halten möchten.

Wählen Sie den Platz aus, an dem Ihr Erinnerungsbaum stehen soll, und gehen Sie dann gemeinsam zum Aussuchen in die Gärtnerei. Vielleicht haben Sie Beziehungen zu einem Förster, der Ihnen erlaubt, einen jungen Baum im Wald auszugraben. Pflanzen Sie die ausgewählte Pflanze gemeinsam und bringen Sie auch ein Schild an, auf dem der Grund für diese Aktion steht, zum Beispiel: Zur Erinnerung an Lindas ersten Tag im Kindergarten, 5. September 2003.

Mit unseren Söhnen haben wir in unserem Garten etliche Bäume gepflanzt. Wir lebten dann einige Jahre im Ausland, und unsere Rückkehr in die Vereinigten Staaten war buchstäblich eine Rückkehr zu unseren Wurzeln, denn wir konnten sehen, wie die Bäume gewachsen waren. Wenn Sie keinen eigenen Garten haben, wählen Sie eine Zimmerpflanze aus. Eine unserer Pflanzen ist über zwanzig Jahre alt. Wir nennen sie liebevoll „Joels Palme". Während seiner Pubertät stand sie in seinem Zimmer und hat erstaunlicherweise sogar seinen damaligen Musikgeschmack überlebt.

Kapitel drei

Starke Familien
reden miteinander

*„Eine kluge Frage ist die
erste Hälfte der Weisheit."*
FRANCIS BACON

Als wir in Österreich lebten, fanden bei uns zu Hause ab und zu Eheseminare statt. Oft saßen unsere Kinder mit dabei und hörten zu. Unser Ältester bezeichnete sich scherzhaft als „Junior-Eheberater" und bot den Teilnehmern seine Hilfe an. In unseren Seminaren arbeiten wir viel mit kurzen, prägnanten Merksätzen, und ab und zu schlug unser Sohn uns solch einen Satz quasi um die Ohren. Zu dem Merksatz „Kommunikation ist der Lebensatem jeder Ehe", hatte er zum Beispiel folgende Ergänzung parat: „... Und das Marriage Alive Seminar ist das Mundwasser."

Damals lachten wir darüber, aber natürlich sind diese Sätze, und besonders der über Kommunikation, ernst gemeint. Es stimmt schon: Ein wichtiger Aspekt für eine starke Ehe und für starke Familien ist eine gute Kommunikation (und vielleicht ist dieses Buch das „Mundwasser", das Ihnen hilft, die Kommunikation in Ihrer Familie frisch und positiv zu gestalten). Wie das geht? Zunächst müssen wir uns klar machen, dass gute Kommunikation Zeit braucht.

Gute Kommunikation ergibt sich nicht von selbst.

Wie bewerten Sie folgende Aussage? Die meisten Familien haben viel Zeit, um ihre Kommunikation intensiv und bewusst zu gestalten. Richtig oder falsch? Schön wäre es, wenn dieser Satz stimmen würde, aber unserer Erfahrung nach ist er falsch. Zeit zu finden für die Verbesserung der Kommunikation mit unseren Kindern, war für uns ein Stück harter Arbeit. Und ist es immer noch, denn unsere Söhne, Schwiegertöchter und Enkelkinder wohnen weit von uns entfernt. Da ergibt sich eine gute Kommunikation nicht von selbst.

Wie ist das bei Ihnen? Es ist so leicht, immer beschäftigt zu sein und sich nicht bewusst Zeit für echte Kommunikation zu nehmen. Da schleichen sich schnell schlechte Gewohnheiten ein. Und jeder weiß, dass schlechte Gewohnheiten hartnäckig sind und sich nur schwer wieder ausmerzen lassen. Hier einige Anregungen, wie Sie schon heute als Familie wirklich miteinander ins Gespräch kommen können.

Wirklich miteinander reden

Geht es Ihnen auch so? Oft fehlt (vermeintlich) die Zeit, um über aktuelle Probleme intensiv miteinander zu reden. Da gibt es Klärungsbedarf in etlichen Fragen, und der Satz, den man dann häufig hört, lautet: „Wir reden nächste Woche, da sind nicht so viele Termine." Die nächste Woche kommt – aber Zeit zum Reden ist trotzdem nicht da. Daher unsere Aufforderung an Sie: Stärken Sie

Ihre Familie durch eine bessere Kommunikation. Schlechte Gewohnheiten kann man ändern. Allerdings ist das mit Arbeit verbunden.

Tipp eins: Stellen Sie eine „Kommunikationsregel der Woche" auf

Die Psychologie lehrt uns, dass man drei Wochen braucht, um eine neue gute Gewohnheit einzuüben und dass man sich erst nach sechs Wochen richtig wohl damit fühlt. Stellen Sie daher für die kommenden Wochen immer eine feste Kommunikationsregel auf, die jeweils für eine Woche gilt. Beginnen Sie etwa so:

Erste Woche: Wir stellen keine „Warum"-Fragen mehr, denn diese Fragen haben oft einen bedrohlichen Charakter. Ohne Fragen geht es nicht – aber formulieren Sie sie anders. Statt: „Warum kannst du nie dein Zimmer ordentlich hinterlassen?", sagen Sie besser: „Wann möchtest du dein Zimmer aufräumen? Es ist für mich wirklich anstrengend und macht mich ärgerlich, wenn ich dich so oft daran erinnern muss."

Oder: „Was können wir tun, damit du dein Zimmer leichter in Ordnung halten kannst? Brauchst du vielleicht noch ein Regal oder einen Schrank, damit du deine Spielsachen gut wegräumen kannst?"

Zweite Woche: Wir vermeiden „Du-Botschaften" und benutzen stattdessen „Ich-Botschaften". Sie werden schnell feststellen, dass Ihre Gespräche dadurch deutlich weniger aggressiv klingen. Also anstatt: „Es ist rücksichtslos von dir, wenn du die Milch nicht wieder in den Kühlschrank räumst. Denkst du denn eigentlich nie nach?", sagen Sie lieber: „Ich werde richtig sauer, wenn die Milch nicht wieder in den Kühlschrank geräumt wird."

Dritte Woche: Wir konzentrieren uns darauf, einander mehr Positives als Negatives zu sagen. Das erfordert ein wenig Übung – denn zweifellos liegt es uns näher, zu fordern, zu ermahnen oder zu kritisieren, als etwas Anerkennendes zu sagen. Aber wenn Sie es sich zur Gewohnheit machen, mindestens einen positiven Satz zu sagen, bevor Sie die Kinder an die noch nicht gemachten Hausaufgaben erinnern, wird das viel Spannung aus Ihrem Alltag herausnehmen. Achten Sie in dieser Woche besonders darauf, einander Wohltuendes zu sagen – und schlucken Sie die Kritik einmal hinunter. Sie werden überrascht sein, wie die Stimmung sich verbessert.

Vierte Woche: Wir beten gemeinsam für alles, was uns als Familie beschäftigt. Für uns war das Frühstück immer eine gute Zeit dafür.

Eine feste wöchentliche Kommunikationsregel kann für Familien eine große Hilfe sein. Sicher finden Sie noch weitere Punkte, auf die Sie für eine Woche Ihr Augenmerk richten können. Denken Sie daran: Gute Kommunikation sollte zu einer guten Gewohnheit werden.

Tipp zwei: Finden sie Ihr persönliches Kommunikationszentrum

Wo führen Sie als Familie die intensivsten Gespräche? Wo öffnen sich Ihre Kinder am ehesten? Wahrscheinlich nicht dort, wo der Fernseher steht. Wir hatten ja bereits darauf hingewiesen, dass der Fernseher nicht gerade ein Sinnbild für eine gelingende Kommunikation ist.

Bei uns finden die besten Gespräche im Wohnzimmer statt – besonders im Winter, wenn wir es uns vor dem Kamin gemütlich machen können. Bei Ihnen ist es vielleicht die Diele, das Schlafzimmer oder die Küche. Unsere Söhne wurden magisch in die Küche gezogen, wenn von dort der Duft frisch gebackener Kekse zu schnuppern war. Wir versammelten uns um den Backofen und unterhielten uns. Überraschen Sie Ihre Lieben doch einmal mit einem außergewöhnlichen Snack, der, ganz frisch, gleich in der Küche verspeist wird.

Machen Sie gute Gespräche in Ihrer Familie zur guten Gewohnheit.

Achten Sie in den nächsten Tagen bewusst darauf, wo bei Ihnen zu Hause am ehesten miteinander gesprochen wird, und hören Sie dabei intensiv zu.

Und noch ein Hinweis aus eigener Erfahrung: Lassen Sie gute Ratschläge, Monologe und einseitige Bewertungen draußen. Praktizieren Sie stattdessen die folgenden Anregungen für gutes Zuhören. Ein Kommunikationszentrum ist wichtig, und wenn daraus dann ein Ort wird, an dem die Familie Liebe und Geborgenheit erfährt – umso besser!

Tipp drei: Seien Sie ein guter Zuhörer

Wie bekommt man ein Kind dazu, sich zu öffnen? Versuchen Sie es mit einer Kunst, die viel Geduld erfordert: dem Zuhören! Gut zuhören zu können ist sicherlich eine der wichtigsten Fähigkeiten in der Erziehung, und als Eltern sollten wir uns intensiv mit der Frage befassen: „Wie werden wir bessere Zuhörer?" Wenn Eltern mit offenkundigem Interesse zuhören, dann spüren Kinder, dass ihre Ideen erst genommen und sie selbst respektiert werden. Dies wiederum stärkt das Selbstvertrauen Ihres Kindes, denn es erfährt: „Das, was ich sage, ist für meine Eltern so wertvoll, dass sie mir zuhören. Also muss ich selbst wohl auch wertvoll und wichtig sein."

Hier sind vier Vorschläge, wie Sie ein besserer Zuhörer werden.

1. *Seien Sie aufmerksam.* Soweit möglich, beenden Sie das, was Sie gerade tun, und schenken Sie Ihrem Kind Ihre ganze Aufmerksamkeit. Augenkontakt ist wichtig. Achten Sie ebenfalls auf Stimmlage und Mimik.

2. *Ermutigen Sie zum Weitersprechen.* Lächeln, Nicken und kurze Erwiderungen vermitteln: Mich interessiert, was du sagst. Wenn Fragen notwendig sind, fragen Sie kurz, offen und freundlich. Vermeiden Sie „Warum"-Fragen. Hören Sie nur zu, eine Reaktion Ihrerseits ist nicht immer nötig.

3. *Identifizieren Sie sich mit Ihrem Kind.* Versuchen Sie, in seine Haut zu schlüpfen. Dazu brauchen Sie Fantasie und Geduld, aber wenn es gelingt, können Sie das Verhalten und die Reaktionen Ihres Kindes viel besser einordnen.

4. *Zeigen Sie Respekt.* Verhalten Sie sich Ihrem Kind gegenüber so, wie Sie es gegenüber einem befreundeten Erwachsenen tun würden. Hören Sie mehr zu, als Sie selbst reden. Kinder sind zuweilen echte Nörgler. Akzeptieren Sie das. Helfen Sie Ihrem Kind, sich seinen Frust von der Seele zu reden, indem Sie zuhören.

Gute Kommunikation bedeutet nicht nur reden. Noch wichtiger ist das Zuhören.

Wenn Sie Ihrem Kind zuhören, schaffen Sie eine neue Art von Nähe. Das kann gerade für Jugendliche sehr wichtig sein. Ihr Zuhören hilft Ihrem Teenager, aufgestaute Emotionen loszuwerden und vermehrt die Fähigkeit zu entwickeln, Entscheidungen zu treffen und Probleme zu lösen.

Wie gesagt: Zuhören erfordert Geduld, ist aber auch eine Kunst, mit der Sie in Ihrer Familie gute Beziehungen bauen können. Wenn Sie einer anderen Person aufmerksam zuhören, vermitteln Sie damit, dass die Gedanken des anderen Ihnen wichtig sind. Fangen Sie heute an, diese Kunst einzuüben. Gehen Sie für Ihre Lieben auf Dauerempfang.

Praxistipp

Drei Eigenschaften guter Zuhörer

1. Gute Zuhörer setzen nicht nur ihre Ohren, sondern auch ihre Augen ein. Über den Augenkontakt stellen Sie eine Verbindung her und signalisieren Interesse.
2. Gute Zuhörer sind sparsam mit guten Ratschlägen, denn sie bedeuten das schnelle Ende eines gerade begonnenen Gespräches.
3. Gute Zuhörer begehen niemals einen Vertrauensbruch. Vertrauen ist ein großartiges Geschenk, mit dem man sehr

sorgfältig umgehen muss. Daher muss Ihr Motto beim Zuhören sein: Meine Lippen sind versiegelt.[6]

Zwei Ohren, ein Mund

Warum wohl hat Gott uns zwei Ohren, aber nur einen Mund gegeben? Haben Sie darüber schon einmal nachgedacht? Vielleicht sollen wir doppelt so viel zuhören wie reden?

--- *Praxistipp*

Tipp vier: Vermeiden Sie Kommunikationskiller

Gibt es sie auch in Ihrer Familie, die Kommunikationskiller? In einer Studie gaben 79 Prozent der befragten Eltern an, mit ihren Teenagern im Gespräch zu sein. 81 Prozent der befragten Teenager gaben dagegen an, dass ihre Eltern nicht mit ihnen reden. Bei kleineren Kindern mag der Prozentsatz niedriger sein. Trotzdem müssen wir bei unseren Kindern (egal wie alt sie sind) negative Äußerungen vermeiden, die einer offenen und positiven Kommunikation im Wege stehen.

Es ist sicher nicht immer einfach, mit Ihren Kindern (oder auch als Ehepartner miteinander) in einem wirklichen Austausch zu stehen. Aber Kommunkation gelingt besser, wenn Sie folgende Kommunikationskiller ausschalten:

1. *Vermeiden Sie pauschale Vorwürfe.* Mit Sätzen wie: „Nie machst du etwas richtig" oder „Das verstehst du ja doch nicht" erreichen Sie lediglich, dass sich Ihr Kind auf Gespräche gar nicht mehr einlassen wird.

2. *Vermeiden Sie Lautstärke als Waffe.* Ein Gesprächspartner möchte seinen Standpunkt deutlich machen. Was tut er? Er redet lauter. Dadurch fühlt sich der andere Gesprächspartner „verpflichtet", ebenfalls die Stimme zu erheben. Sie ahnen, wie

das endet. Beide werden sich anschreien. Wenn Sie in einem Gespräch wieder einmal an den Punkt kommen, wo gute Argumente durch Lautstärke ersetzt werden, sprechen Sie bewusst leise, auch wenn Ihr Gesprächspartner weiter schreit. Der Erfolg wird verblüffend sein.

3. *Vermeiden Sie den verbalen Overkill.* Viele Eltern vermuten anscheinend, dass ihr Kind ein Hörproblem hat. Sie wiederholen unzählige Male, was eigentlich mit einem Satz erledigt sein könnte. So erziehen sie natürlich das Kind dazu, tatsächlich erst beim fünften oder sechsten Mal zu reagieren. Für Sie (und auch für Ihr Kind) ist es viel nervenschonender, wenn Sie sicherstellen, dass Ihr Kind Sie gleich beim ersten Mal versteht. Sagen Sie deutlich, welche Konsequenzen Sie ziehen werden, wenn Ihr Kind nicht reagiert. Und dann sagen Sie einfach nichts weiter dazu.

Kommunikation ist nicht gerade ein Kinderspiel. Aber wenn Sie die Kommunikationskiller ausschalten, wird das Gespräch in der Familie ein ganzes Stück einfacher werden. Und manchmal sollten Sie daran denken, dass auch Schweigen eine Alternative ist, die uns offen steht (die wir allerdings viel zu selten nutzen).

Richtiges Reden ist harte Arbeit, aber auch Schweigen will gelernt sein. Die Zunge ist schwer im Zaum zu halten. Wie leicht entschlüpfen uns unfreundliche Worte.

Jemand hat einmal gesagt: „Der Unterschied zwischen einer erfolgreichen und einer mittelmäßigen Familie liegt in der Erkenntnis, welche Dinge man besser ungesagt lässt!" Warum fällt uns das so schwer? Warum sind wir zu denen, die wir am meisten lieben, auch am unfreundlichsten? Warum behandeln wir völlig Fremde oft besser als die eigene Familie?

Würden Sie mit Ihren besten Freunden oder Ihrem Chef genauso sprechen wie mit Ihrer Familie? Würden Sie einer Freundin offen ins

> *„Der Unterschied zwischen einer erfolgreichen und einer mittelmäßigen Familie liegt in den drei oder vier Bemerkungen, die man jeden Tag nicht macht."*

Gesicht sagen, dass ihre Wohnung aussieht, als hätte eine Bombe eingeschlagen? Würden Sie einem Freund sagen: „Bei dir wachsen ja schon die Bohnen in den Ecken?"

In einer Familie mit vier kleinen Kindern war ein großer Streit ausgebrochen. Jeder schrie auf den anderen ein. Die Mutter sagte: „Habt ihr nicht im Kindergottesdienst gerade gelernt, dass wir freundlich zueinander sein sollen?" Das älteste Kind schaute sich im Zimmer um und erwiderte dann: „Ist schon in Ordnung, Mama, wir sind ja nur unter uns."

Wie geht es bei Ihnen zu, wenn Sie „nur unter sich" sind? Achten Sie einmal einen ganzen Tag lang auf die Gespräche in Ihrer Familie und stellen Sie sich dabei vor, Sie wären ein Gast. Das kann für Sie zu einer Offenbarung werden. Wir möchten Sie ermutigen: Behandeln Sie Ihre Gäste als Teil der Familie – und Ihre Familie so, wie Sie Gäste behandeln.

Tipp fünf: Führen Sie ein Gespräch ohne versteckte Absichten

Einmal fragten wir einen unserer Söhne: „Was denkst du, wie sollen sich Eltern verhalten, die mit ihren Teenagern wirklich ins Gespräch kommen wollen?"

Seine Antwort kam kurz und knapp: „Sie sollen reden, nicht manipulieren."

Weiter erklärte er: „Die meisten Eltern haben doch ständig versteckte Absichten, wenn sie mit dir reden. Sie möchten ihr Kind dazu bringen, etwas Bestimmtes zu tun. Reden ist etwas anderes. Man möchte nichts Bestimmtes erreichen, sondern einfach nur reden."

Diese Äußerungen brachten uns natürlich zum Nachdenken. Ist es nicht so? Oft haben wir als Eltern geheime Ziele oder auch gute Ratschläge im Hinterkopf, die wir nur zu gerne in die Gespräche mit unseren Kindern einfließen lassen. Kommunikation wird besser gelingen, wenn wir uns die guten Ratschläge für den Wellensittich oder das Familienkaninchen aufsparen.

Können Sie mit Ihren Kindern reden, ohne sie zu manipulieren?

Schaffen Sie es, Ihre guten Ratschläge für sich zu behalten. Versuchen Sie es gleich heute.

Wir haben unseren Sohn übrigens auch noch gefragt, was Eltern tun sollen, wenn sie möchten, dass ihr Kind etwas Bestimmtes tut. Seine Antwort: „Manipulieren." Vielleicht ist ein bisschen Manipulation doch in Ordnung, wenn die Mehrzahl unserer Gespräche wirklich Gespräche sind – ohne versteckte Absichten!

Praxistipp

Praxistipp: Zehn-Minuten-Gespräche für Schildkröten

Eine Schildkröte ist das Familienmitglied, das in einer Höhle lebt, die es „mein Zimmer" nennt. Dreimal am Tag verlässt es seine Höhle, um Nahrung zu sich zu nehmen und die Familie anzuknurren. Wie können wir die Schildkröte dazu bringen, aus ihrem Panzer zu kommen, aus dem sie normalerweise nur den Kopf herausstreckt, und das auch nur wenige Male am Tag? Versuchen Sie es mit Zehn-Minuten-Gesprächen. Die Zeit vor dem Schlafengehen eignet sich dafür oft am besten, denn die ruhigen Typen möchten dies meist gerne noch ein wenig hinauszögern.

Hier einige Themenvorschläge, um sich ein wenig warm zu reden:

- *Die komischste Person, die ich jemals getroffen habe . . .*
- *Merkwürdige Orte, an denen ich schon eingeschlafen bin . . . (Jonathan schlief einmal auf unserem Gepäckberg am Flughafen ein).*
- *Ein weit entfernter Ort, an dem ich gerne einmal aufwachen würde . . .*
- *Wenn ich eine Million hätte, würde ich . . .*
- *Was ich am besten kann, ist . . .*
- *Meine schönste Gebetserhörung . . .*
- *Mein peinlichstes Erlebnis . . .*
- *An unserer Familie mag ich . . .*

Sie brauchen so vielleicht länger, um Ihr Kind zu Bett zu bringen. Aber Sie werden auch feststellen, dass die Schildkröte durchaus bereit ist, den Kopf aus dem Panzer zu strecken und sich zu unterhalten. Probieren Sie es aus.

Familienprojekte:
So kommen wir gut ins Gespräch

Projekt eins: Adoptieren Sie ein neues Familienmitglied

Wenn Sie Ihrer Familie noch mehr schöne Erinnerungen schaffen wollen, dann adoptieren Sie doch eine Familienpuppe. Puppen sind tolle Haustiere. Sie sterben nicht gleich, wenn man vergisst, sie zu füttern, sie werden nicht krank und brauchen keinen teuren Tierarzt. Und was das Beste ist: Sie pinkeln nicht auf den neuen Teppich!

In Europa lebten wir in einer Mietwohnung, daher kamen als Haustiere nur Goldfische, Hamster und Meerschweinchen in Frage. Also adoptierten wir eine Puppe namens Hans. Hans war Polizist und sprach nur Deutsch. Unser adoptierter Freund verbesserte nicht nur unser Deutsch, mit der Zeit entdeckten wir noch mehr Vorteile. Puppen sind ein großartiges Mittel, um vor allem kleinere Kinder dazu zu bringen, etwas von sich zu erzählen – gerade solche, die nicht reden, weil es ihnen peinlich ist, sie zu schüchtern oder zu stur sind. Sie können sich über die Puppe besser ausdrücken als im direkten Gespräch.

Interessante Puppen findet man sicherlich im Spielwarenladen, Sie können Ihre Familienpuppe aber auch selber machen, etwa aus alten Handschuhen, Socken oder Jutesäcken. Um nun die Unterhaltung zwischen Ihrem Kind und dem neuen Freund in Gang zu bringen, können Sie folgende Fragen stellen:
- Wenn ich drei Wünsche frei hätte, würde ich . . .
- An unserer Familie mag ich am meisten . . .
- Wenn ich erwachsen bin, möchte ich gerne . . .
- Wenn ich selbst ein Kind hätte, würde ich . . .
- Ich fürchte mich, wenn . . .
- An mir selbst mag ich am meisten . . .

Wenn Sie mit Ihrer Puppe Erfahrungen austauschen, Fragen stellen oder einfach nur von den Erlebnissen des Tages erzählen, entwickeln Sie gute Kommunikationsfähigkeiten und schaffen noch dazu schöne Erinnerungen. Fragen Sie Hans – er wird es Ihnen bestätigen.

Projekt zwei: Ein etwas anderes Memory-Spiel

Die kreativsten Ideen entstammen oft der puren Verzweiflung. Vor einigen Jahren war Claudia allein mit unseren drei damals noch kleinen Kindern im Flugzeug unterwegs. Mitten in der Nacht wurde der Überseeflug nach New York zurückgeleitet.

Nach einer schlaflosen Nacht kam der Morgen. Die vier verbrachten den ganzen Tag in einem Sightseeingbus und fuhren damit quer durch New York. Endlich waren sie wieder am Flughafen, aber bis zum Abflug blieb immer noch eine ganze Stunde. Alle waren erschöpft und einfach nur noch müde. Der Glaube daran, dass Gott auch in dieser schwierigen Situation helfen konnte und die Bitte um Weisheit und Kreativität führte zu dem, was wir seitdem „Familien-Memory" nennen.

Sorgen Sie dafür, dass der Familienschatz an schönen Erinnerungen ständig wächst. Und das müssen Sie jetzt tun.

Jeder der Jungs versuchte sich zu erinnern, was er in New York alles gesehen hatte: das Uno-Hauptquartier, die Freiheitsstatue etc. Sie machten einen Wettbewerb daraus: Wer konnte die meisten Einzelheiten nennen? Die Zeit verging wie im Flug, und als es endlich soweit war, dass sie das Flugzeug besteigen konnten, waren noch längst nicht alle Erinnerungen aufgezählt.

Durch dieses kleine Spiel konnten sie die Dinge, die sie gesehen hatten, noch einmal Revue passieren lassen und behielten so eine Situation positiv in Erinnerung, die auch ein Desaster hätte werden können. Wir haben unser „Familien-Memory" seitdem oft gespielt, zum Beispiel, wenn wir zusammengepfercht in unserem Auto saßen, alle schon müde waren, aber noch viele Kilometer Fahrt vor uns hatten. Oder wenn die Großeltern uns in Deutschland besuchten und der Abschied bevorstand. Das Spiel half uns, die schöne Zeit zu schätzen, die wir miteinander verbracht hatten. Und so geht es:

Jeder kommt an die Reihe und erzählt, was er von der Reise, der Veranstaltung oder dem Tag behalten hat. Spielen Sie so lange, bis auch die letzte Einzelheit genannt ist. Gelegenheiten für dieses Spiel gibt es viele:

● die Rückfahrt vom Familienurlaub
● der Jahreswechsel
● das Ende der Sommerferien
● in Wartesituationen
● in der Kinoschlange
● . . .

Wenn eine große Veränderung ins Haus steht und Sie die Familie auf die neue Situation vorbereiten möchten, ändern Sie das Spiel ab und spielen Sie stattdessen das *Worauf-ich-mich-freue-Spiel*. Was immer Sie aus unserem alten Familienspiel machen, Sie werden damit besondere Momente tief in der Erinnerung der Familie verankern, und das wird Sie auch für die Herausforderungen der Zukunft zusammenschweißen. Diese Art von Gedächtnisstütze werden Sie nicht vergessen wollen!

Projekt drei – Schreiben Sie Ihren Familien-Rundbrief

Dafür brauchen Sie nur ein wenig Kreativität. Rundbriefe sind eine gute Möglichkeit, guten Kontakt in der engen Familie, aber auch mit der näheren und weiteren Verwandtschaft zu pflegen. Wir haben viele Jahre lang solche Briefe für Freunde und Mitstreiter in der Ehe- und Familienberatung geschrieben. Jetzt kramen wir immer wieder gerne diese Dokumentation unserer Familiengeschichte hervor und schmökern darin.

Zunächst einmal müssen Sie entscheiden, ob Sie den Rundbrief als Newsletter per E-Mail verschicken möchten oder ganz konventionell per Post. Der Vorteil der E-Mail ist, dass Sie keine Portokosten haben und außerdem digitale Photos mitschicken kön-

nen. Außerdem kann man die E-Mail durch Animationen oder
Musik noch aufpeppen. Ein Nachteil wird sein, dass nicht jeder,
der diese Mail bekommen soll, auch tatsächlich einen Computer
hat. Wenn der Newsletter eher unregelmäßig erscheint, vielleicht
nur einmal im Jahr, stimmen vielleicht die Adressen nicht mehr,
weil die Empfänger den Anbieter gewechselt haben.

Egal wie Sie sich entscheiden, Folgendes sollte in Ihrem Rundbrief nicht fehlen:

- die jüngsten Erfolge oder Errungenschaften
- Meilensteine
- die dümmsten Fehler des Jahres
- das witzigste Erlebnis
- Pläne für die Zukunft
- Cartoons und Witze
- Bilder und eine schöne Gestaltung

Sie können Ihren Rundbrief auch per Post verschicken – und allen
Ehrgeiz in eine schöne Gestaltung von Briefbogen, Umschlag und
passender Briefmarke legen. Heften Sie aber auf jeden Fall eine
Kopie für das Familienarchiv ab. Wenn Sie den Rundbrief per E-
Mail verschicken, speichern Sie ihn auf Diskette oder CD, damit
die Datei bei einem Absturz nicht verloren geht. Am besten dru-
cken Sie ein Exemplar aus und heften es ab. Damit sind Sie auf der
sicheren Seite und haben in einigen Jahren noch Ihren Spaß beim
Lesen.

Kapitel vier

Starke Familien gehen bei Konflikten großzügig miteinander um

Blut ist dicker als Wasser – und es kocht schneller.
UNBEKANNT

„Wenn du im Unrecht bist, gib es zu;
Wenn du im Recht bist, schweig!"
ODGEN NASH

Ein Kennzeichen der Familie Arp ist unser ausgeprägter Wille. Mancher würde dazu vielleicht auch Dickkopf sagen. Stellen Sie sich acht recht eigenwillige Familienmitglieder auf einem Schihang vor, da sind, neben allem Spaß, Stress und Meinungsverschiedenheiten ebenfalls vorprogammiert. Unser Enkel Ben, fünf Jahre alt, blitzt seinen Vater an und sagt: „Du hast mich überhaupt nicht lieb, sonst würden wir woanders essen gehen. Hier gibt es nichts, was ich mag. Ich werde nichts essen, und das ist der Beweis dafür, dass du mich hasst!"

Bis dahin hatten wir einen wunderbaren Vormittag gehabt, aber nun waren wir gespannt, wie unser Sohn mit dieser kleinen Krise umgehen würde. Eine andere Hütte zum Einkehren kam nicht in Frage, denn weit und breit war keine in Sicht und alle hatten mächtigen Hunger. Unser Sohn blieb ganz ruhig: „Ich weiß, du würdest lieber an der Mittelstation essen, aber heute essen wir hier. Ich schau mal nach, was ich in meinem Rucksack noch für dich habe. Hier ist ein Müsliriegel."

Ben wollte nicht gleich klein beigeben, er schmollte noch eine Weile. Aber dann – während wir schon bestellten – siegte der Hunger, und er machte sich über den Riegel her. Das Essen kam, und wir bemerkten schmunzelnd, dass Ben ohne weitere Einwände die Portion Pommes mit Ketchup aß, die sein Vater wohlweislich für ihn bestellt hatte. Nicht gerade das gesündeste Essen, aber die Krise war bewältigt, und für die Gesundheit der Familie war das besser als jeder Gemüseauflauf.

Wie handhaben Sie die kleinen und großen Krisen in Ihrer Familie? Die Antwort auf diese Frage ist ein Indiz dafür, wie stark Ihre Familie ist. Starke Familien können Meinungsverschiedenheiten und Krisen mit einem gewissen Charme bewältigen.

Eine Mutter erzählte folgende Begebenheit: „Am Muttertag war ich im Gottesdienst und der Pastor begrüßte alle anwesenden Mütter und forderte sie auf, aufzustehen. Als ich aufstand, zog mein achtjähriger Sohn mich am Ärmel und sagte: ‚Mama, setzt dich hin, das gilt nur für die guten Mütter.'

Ich war total schockiert. Sicher hatten andere diese Bemerkung gehört. Wieder einmal hatte mein temperamentvoller Sohn mich in eine peinliche Lage gebracht. Aber ich sagte mir: ‚Diesen Köder schlucke ich nicht – ich bin nicht mein Sohn!'"

Wie reagieren Sie, wenn Ihr Kind Ihnen sagt, dass es Sie hasst oder dass es ab sofort in Hungerstreik tritt? Verweigern Sie den Köder? Können Sie hier großzügig, gelassen und mit ein wenig

Charme reagieren? Darum geht es in diesem Kapitel. Wie bewahren wir unsere Stärke in Konflikten, Stress und Krisen?

Vielleicht helfen Ihnen die folgenden Tipps.

Elegante Lösungen für angespannte Situationen

Tipp eins: Finden Sie Ihre Stressquellen heraus

Stress ist oft hausgemacht oder Folge des hohen Drucks, dem wir in unserer temporeichen Gesellschaft ausgesetzt sind. Leidet Ihre Familie unter chronischem Stress? Zeigen Ihre Kinder Stresssymptome?

Der Psychologe Carl Thoresen hat festgestellt, dass jeder fünfte amerikanische Schüler in höheren Klassen Stresssymptome zeigt. Diese Rate gilt sicherlich auch für andere Industrienationen. Die Ursachen liegen unter anderem bei Eltern, die Druck ausüben, und in einer Gesellschaft, die das Lebenstempo anzieht wie früher die berühmten Daumenschrauben.

Kinder mit chronischen Stresssymptomen zeigen häufig ein starkes Konkurrenzdenken und auffällige Ungeduld. Sie fressen Ärger in sich hinein und sind weniger selbstbewusst als andere Kinder. Weitere Symptome sind Schweißhände, erhöhter Puls, Muskelverspannungen und Schlafstörungen. Obwohl diese Studie Jugendliche und junge Erwachsene zur Zielgruppe hatte, geht Thoresen davon aus, dass Stress auch bei Grundschulkindern bereits eine Rolle spielt.

Eine temporeiche, auf Wettbewerb ausgerichtete Gesellschaft trägt sicherlich zum Stress bei, aber eine Ursache liegt auch bei Eltern, die auf ihre Kinder Druck ausüben. Ein Vater, der an einer Studie teilnahm, gab seinem Kind innerhalb von acht Minuten mehr als hundert Anweisungen!

An dieser Stelle sollten Sie sich einen Moment Zeit nehmen und folgende Fragen beantworten:

- Zeigt mein Kind Stresssymptome?
- Bin ich möglicherweise eine Ursache dafür?

- Wie könnte heute mein Beitrag zur Stressverringerung aussehen?

Denken Sie darüber nach und handeln Sie entsprechend. Sie können das Stressniveau in Ihrer Familie senken. Es liegt in Ihrer Hand!

Tipp zwei: Beachten Sie die saisonale Stresskurve

Ist Ihnen schon einmal aufgefallen, dass Stress auch jahreszeitlich bedingt ist? Im Spätsommer oder Frühherbst, wenn das neue Schuljahr beginnt, müssen sich Kinder und Eltern auf eine neue Klasse und neue Lehrer einstellen. Nach Weihnachten müssen sich viele von den Ferien erholen. Man hat zu viel ausgegeben, zu viel gegessen und war auf zu vielen Partys. Das Schuljahresende kann eine weitere Stressspitze bedeuten. Es ist die Zeit des Übergangs, vielleicht mit einem plötzlichen Verlust der festen Struktur im Tagesablauf Ihres Kindes.

Vielleicht ist heute ein stressiger Tag für Sie. Aber dagegen können Sie angehen. Überraschen Sie Ihre Familie mit dem Lieblingsdessert. Bringen Sie Ihrer Frau Blumen mit oder merken Sie sich einen besonders schönen Witz. Seien Sie kreativ – Stress kann man abbauen, er ist kein unabwendbares Schicksal!

Praxistipp

Praxistipp: Stressbewältigung für Turbofamilien

Leben Sie ständig mit 110 Prozent und droht Ihnen die Kontrolle über Ihr Leben zu entgleiten? Das geht ganz schnell, denn – offen gesagt – wir haben doch alle viel mehr zu tun, als gut für uns und unsere Familie ist. Deshalb hier einige Tipps, wie Sie einen oder mehrere Gänge zurückschalten können:

1. Erledigen Sie das Wichtigste zuerst. Schreiben Sie auf, was getan werden muss, und nummerieren Sie die einzelnen Punkte gemäß ihrer Wichtigkeit. Selbst wenn Sie es nicht schaffen, diese Liste ganz abzuarbeiten, so haben Sie doch

die wichtigsten Dinge erledigt. Schreiben Sie abends eine
neue Liste für den kommenden Tag und zerreißen Sie die
alte Liste. Das befreit! (Wenn Sie Ihren Terminkalender oder
Ihre To-Do-Liste im Computer führen, bringen Sie sie täglich
auf den neuesten Stand. Das ist fast so gut wie Zettel zerrei-
ßen.)

2. *Fassen Sie ähnliche Aktivitäten zusammen. Wenn Sie ein-*
   kaufen, bringen Sie auch gleich die Schuhe zum Schuster
   und besorgen Sie die Blumen für den Geburtstag Ihrer
   Freundin.

3. *Unterteilen Sie große Aufgaben in überschaubare Schritte.*

4. *Stellen Sie sich den Küchenwecker, um zu sehen, was Sie*
   alles in 15 Minuten erledigen können.

5. *Bemühen Sie sich, eine Aufgabe vollständig abzuschließen,*
   aber fühlen Sie sich nicht als Versager, wenn Sie nicht alles
   schaffen.

6. *Lernen Sie, Nein zu sagen.*

Halsen Sie sich nicht so viel auf, dass Sie keine Zeit mehr
haben, entlang des Weges an den Blumen zu schnuppern und
ihren Duft zu genießen. Das Leben ist einfach zu schön, um es
im Schnellschritt zu durchlaufen!

Tipp drei: Bereiten Sie sich auf Krisen vor –
und bewältigen Sie sie mit Gelassenheit

Jede Familie erlebt Krisen, und es gibt wohl niemanden, der solche Situationen genießt. Starke Familien allerdings können mit schwierigen Situationen konstruktiv umgehen.

In einer unserer umfangreichen Studien stellten wir folgende Frage: Was bringt Sie als Familie näher zueinander? Die häufigste Antwort war: Beerdigungen und Krisensituationen. Wenn wir es wirklich versuchen, können wir auch an den verfahrensten Situationen noch etwas Positives entdecken. Als Hilfe haben wir einige Hinweise zusammengestellt, die im Vorfeld einer Krise hilfreich sein können:

1. *Überlegen Sie sich vor der nächsten Krise, wie Sie reagieren werden.* Machen Sie eine Liste der Situationen, die in Ihrer Familie am häufigsten zu mieser Stimmung führen, oder die Sie als besonders angespannt erleben. So können Sie zum einen mögliche Stressfaktoren im Vorfeld vermeiden. Oder, wo das nicht möglich ist, sich zumindest Reaktionen überlegen, wenn eine ähnliche Situation entsteht.

   Bevor Sie in einer Krisensituation reagieren: Atmen Sie tief durch und zählen Sie innerlich bis zehn. Wir reden zu oft, bevor wir nachgedacht haben, und bereuen es später bitter. Wenn Sie überreagiert haben, geben Sie es ruhig zu. Claudia sagte einmal in so einer Situation: „Ich weiß, dass ich jetzt überreagiere. Irgendwo zwischen meiner momentanen Reaktion und gar keiner Reaktion liegt die richtige Reaktion. Gib mir eine Minute Zeit, um darüber nachzudenken."

2. *Fragen Sie sich in einer schwierigen Situation: „Was ist das Schlimmste, was passieren könnte, und was wäre daran noch gut?"* Damit können Sie Ihre Angst überwinden und die Dinge wieder aus der richtigen Perspektive betrachten.

3. *Greifen Sie NIEMALS Ihren Partner oder Ihre Kinder an.* Denken Sie daran, Sie sind als Familie ein Team, und gemeinsam werden Sie es schaffen. Richten Sie Ihren Angriff gezielt gegen das Problem, nicht gegen die Familie.

4. *Erhalten Sie sich Ihren Sinn für Humor.* Lernen Sie, miteinander zu lachen, auch und gerade dann, wenn die Dinge schwierig werden.

Gerade Krisen können zu einer Chance werden, in der starke Familien lernen, einander zu vertrauen und sich aufeinander zu verlassen. Das wird eine neue Nähe und einen positiveren Umgang miteinander schaffen.

Tipp vier: Ruhe bewahren!

Jeder von uns stand schon einmal kurz vorm Explodieren. Kinder sind wunderbar – und doch treiben Sie uns manchmal zum Wahnsinn. Welche Eltern standen nicht schon einmal fassungslos vor diesen kleinen (oder auch größeren) Geschöpfen und wussten genau: Noch ein Wort, und der Vulkan bricht aus.

Hier gilt nur ein Rat: Lassen Sie es nicht zu!

Versuchen Sie stattdessen diese elterngetesteten Alternativen. Damit können Sie den Ausbruch verhindern.

- Zählen Sie bis 10, wenn es ganz dick kommt, auch bis 20!
- Rufen Sie eine Freundin oder einen Freund an und reden Sie sich Ihren Frust dort von der Seele.
- Sagen Sie sich das Alphabet vor! Suchen Sie zu jedem Buchstaben eine Eigenschaft, die Sie an Ihrem Kind schätzen, zum Beispiel A – Vanessa ist anschmiegsam!
- Nehmen Sie eine Auszeit. Wenn möglich, machen Sie einen Spaziergang.
- Beten Sie. Bitten Sie Gott um Ruhe. Vergessen Sie nicht: Eine der Früchte des Geistes ist Selbstbeherrschung.
- „Wenn du in Zorn gerätst, dann sündige nicht", rät der Apostel Paulus. Beherzigen Sie das.

Wenn Sie es mit Hilfe dieser Hinweise schaffen, dass Ihr Zorn noch vor dem großen Vulkanausbruch wieder verraucht, dann haben Sie nicht nur für sich selbst einen Sieg errungen. Sie haben auch etwas für die Beziehung zu Ihrem Kind getan.

Wundermittel für Krankheitsfälle aller Art

Es lässt sich ja fast nicht vermeiden, dass jede Familie einmal im Jahr die Grippewelle erwischt. Folgende Tipps helfen Ihnen, auch jene Tage gut zu nutzen, die Ihr Kind zu Hause verbringen muss, weil es krank ist.

Praxistipp

- Geben Sie Ihrem Kind das Gefühl, etwas Besonderes zu sein, und stellen Sie ihm eine kleine Glocke neben das Bett. Eltern

und Geschwister wechseln sich mit dem „Glockendienst" ab und fragen, wenn geklingelt wurde, freundlich nach den Wünschen des Patienten.

- *Erstellen Sie eine „Patientenkarte" mit Angaben über Ernährung und Medikamente (bei Antibiotika besonders wichtig), mit Fieberkurve und anderen wichtigen Punkten und hängen Sie sie ans Bett.*
- *Lassen Sie den Fernseher aus und spielen Sie viel mit Ihrem Kind. Vielleicht ist dies eine gute Gelegenheit für ein Familienturnier.*
- *Basteln Sie aus einem Pappkarton ein Betttablett. Schneiden Sie in die lange Seite des Kartons einen großen Halbkreis, die kurzen Seiten bleiben unverändert. Das ist beim Essen oder Malen im Bett eine große Hilfe.*
- *Schneiden Sie die Comics aus der Tageszeitung aus und schreiben Sie einen anderen Text dafür, der vielleicht in Ihre momentane Familiensituation passt. Lassen Sie Ihr Kind seine eigene „Autobiografie" schreiben und selbst illustrieren.*
- *Für ein jüngeres Kind können Sie eine lebensgroße Babypuppe machen. Ihr kleiner Patient wird von diesem Bettgenossen begeistert sein, zumal, wenn er den Strampelanzug anhat, den früher Ihr Kind trug.*
- *Machen Sie sich klar, dass die Zeit, die Sie ein krankes Kind zu Hause haben, sich nicht gerade für Großprojekte eignet. Sie werden nicht viel schaffen, und Ihre Aufgabenliste wird eher länger als kürzer. Nur keine Hektik. Solche Tage sind keine verlorene Zeit. Nutzen Sie diese Zeit und beschäftigen Sie sich viel mit Ihrem Kind. Verwöhnen Sie es und überschütten Sie es mit Liebe. Für den Patienten ist das immer noch die beste Medizin, und auch die Familienatmosphäre profitiert, wenn Sie diese Tage mit Gelassenheit nehmen. Es ist ja kein Dauerzustand!*

Tipp fünf: Konzentrieren Sie sich auf die Beziehung

Eine alte Erziehungsweisheit lautet: Regeln ohne eine Beziehung führen zur Rebellion. Erziehung ist die Kunst, auf dem Einhalten von notwendigen Regeln zu bestehen, auch gegen den offenen Widerstand der Kinder, und gleichzeitig die Beziehung zu den Kindern weiterzubauen. Wie schafft man diesen Spagat? In unseren Erziehungsjahren haben uns diese Ideen geholfen:

Regeln ohne eine gute Beziehungsbasis führen zur Rebellion.

1. *Machen Sie Nebensächlichkeiten nicht zur Hauptsache!* Vergeuden Sie keine Kräfte, indem Sie Kleinigkeiten überbewerten. Wir haben uns immer bemüht, die uns wichtigen Dinge konsequent zu verfolgen. Wenn es um Grundsatzfragen ging, z. B. um Moral und Ethik, blieben wir fest wie der Fels in der Brandung. Gleichzeitig haben wir versucht, in weniger wichtigen Dingen flexibel zu sein. So konnten wir uns immer auf die Beziehung zu unseren Söhnen konzentrieren.

2. *Vergessen Sie nicht: Kommunikation ist keine Einbahnstraße.* Wir haben versucht, unseren Jungs immer aufmerksam zuzuhören (s. Kapitel 3!)

3. *Seien Sie bereit, zuzugeben, wenn Sie im Unrecht sind.* Es kommt schon einmal vor, dass Ihr Kind Recht hat und nicht Sie. Seien Sie nicht zu stolz, das dann auch zuzugeben, und sich zu entschuldigen.

4. *Verbringen Sie mit jedem Kind Zeit allein.* Der Mensch ist auf Zweierbeziehungen angelegt. Zeiten zu zweit sind enorm wichtig. Können Sie heute so eine Zeit mit Ihrem Kind in den Tagesablauf einbauen?

Bedenken Sie: Eine gute Beziehung zu Ihrem Kind kann den Ausbruch einer Rebellion verhindern!

Tipp sechs: Begutachten Sie Ihr Verhalten als Eltern

Sind Ihre Kinder mit Ihrem Verhalten als Eltern zufrieden? Wir konzentrieren uns viel zu oft auf das Verhalten unserer Kinder und nicht auf unser eigenes. Lassen Sie uns elterliches Verhalten einmal aus der Perspektive des Kindes betrachten.

Im Rahmen einer Studie wurden in vierundzwanzig Ländern 100.000 Kinder im Alter zwischen acht und vierzehn Jahren gefragt, wie sie sich die idealen Eltern vorstellen. Hier die zehn häufigsten Antworten:

Ideale Eltern sind ...

1. Eltern, die sich nicht im Beisein der Kinder streiten.
2. Eltern, die alle Kinder gleich behandeln.
3. Eltern, die ehrlich sind.
4. Eltern, die anderen gegenüber tolerant sind.
5. Eltern, die ein offenes Haus für die Freunde ihrer Kinder haben.
6. Eltern, die sich gemeinsam mit ihren Kindern als Team verstehen.
7. Eltern, die Fragen beantworten.
8. Eltern, die bestrafen, wenn es notwendig ist, dies jedoch niemals im Beisein von anderen tun, besonders nicht im Beisein von Freunden.
9. Eltern, die die Stärken hervorheben und nicht die Schwächen.
10. Eltern, die konsequent sind.

Wie schneiden Sie ab? Hoffentlich sind einige Tipps dabei, die verhindern, dass Sie mit Ihrem Verhalten zum Problem für Ihre Kinder werden. Im nächsten Kapitel gehen wir auf das Thema Erziehungsstile noch detaillierter ein.

Tipp sieben: Bieten Sie Ihrem temperamentvollen Kind eine lenkende Hand

Haben Sie ein temperamentvolles Kind mit einem starken Willen? Eine Mutter sagte: „Temperamentvoll? Meine Tochter hat diesem Wort eine ganz neue Bedeutung gegeben. Sie ist wie eine Eisenstange – absolut unflexibel." Vielleicht stimmen Sie in diesen Seufzer mit ein.

Manche Kinder scheinen schon nachgiebig und „leicht erziehbar" auf die Welt zu kommen. Andere müssen von Geburt an immer ihren eigenen Kopf durchsetzen. Beide Charaktere sind durchaus normal – dies nur als Trost für Eltern, die ein Kind mit einem starken Willen formen müssen und bei aufkommenden Problemen leicht die Schuld bei sich selbst suchen.

Für den Umgang mit einem temperamentvollen Kind können folgende Leitlinien hilfreich sein:

- *Unterscheiden Sie zwischen bewusstem Trotz und kindlicher Schusseligkeit.* Wenn Kinder vergessen, den Hund zu füttern, oder ihren neuen Pullover verlieren, dann ist das einfach Gedankenlosigkeit – ganz typisch für Kinder.
- *Definieren Sie klare Grenzen.* Bevor Grenzen eingehalten werden können, muss erst einmal klar sein, wo sie liegen.
- *Wenn Ihr Kind bewusst trotzt, begegnen Sie ihm mit ruhiger Entschiedenheit.* Trotzverhalten liegt vor, wenn Sie ein klares Verbot ausgesprochen haben und Ihr Kind Ihnen feindselig in die Augen sieht und sich nicht daran hält. Dann ist es wichtig, dass Sie nicht nachgeben. Lassen Sie die natürlichen Konsequenzen (eine Auszeit in einem anderen Raum, Fernsehverbot, Computerverbot) für sich arbeiten. Bleiben Sie fest. Ihr Kind muss genau wissen: Wenn ich mich nicht an die Regeln halte, muss ich auch die Konsequenzen tragen.
- *Wenn die Konfrontation vorbei ist, zeigen Sie Ihrem Kind, dass Sie es immer noch lieben.* Ein wichtiger Punkt: Nehmen Sie nach dem Konflikt Ihr Kind in den Arm und sagen Sie ihm etwas Liebevolles.

- *Fordern Sie nicht Unmögliches.* Manchmal erwarten wir von unserem Kind mehr als von uns selbst.
- *Lassen Sie sich von der Liebe leiten.* Haben Sie die Erziehungsweisheit von oben behalten? Regeln ohne Beziehung führen zur Rebellion. Eine warmherzige Beziehung, die sich auf echte Liebe und Zuneigung gründet, wird auch zwangsläufig vorkommende Erziehungsfehler aushalten.[7]

Praxistipp

Und wie liebt man Teenager?

Wenn unsere Kinder in die Pubertät kommen, stehen wir als Eltern vor neuen Herausforderungen. Teenager – das sind diese ganz einzigartigen Geschöpfe, die manchmal durchaus liebenswert sind, ein andermal aber – nun, vielleicht kommen Ihnen ein paar Hinweise zum Umgang mit dieser Spezies ganz gelegen:

- *Unternehmen Sie etwas gemeinsam – Fahrrad- oder Wandertouren, Tennis, Inlinerfahren, Shoppen, Computerspiele – eben Dinge, die Ihr Teenager gerne macht.*
- *Gehen Sie zu wichtigen Veranstaltungen wie Schulaufführungen, Fußballspielen und Elternsprechtagen.*
- *Verhelfen Sie Ihrem Teenager zu einem Nebenjob, der Spaß macht.*
- *Wehren Sie sich nicht gegen Chauffeursdienste. Tun Sie es fröhlich und ohne Murren. Im Handumdrehen ist Ihr Teenager achtzehn und hat einen eigenen Führerschein. Dann sind all die guten Gelegenheiten zum intensiven oder fröhlichen „Autogespräch" vorbei.*
- *Hören Sie sich – vorurteilsfrei – die Musik an, die auch Ihr Teenager hört. Sprechen Sie darüber.*
- *Bemühen Sie sich, die Freunde Ihres Kindes kennen zu lernen. Haben Sie ein offenes Haus. Wenn sich die Clique bei Ihnen trifft, wissen Sie wenigstens, wo Ihr Kind sich aufhält.*
- *Lesen Sie ein Buch oder eine Zeitschrift, die auch Ihr Teenager liest.*
- *Investieren Sie großzügig Zeit, emotionale Energie und das berühmte „Ich-bin-für-dich-da" – es gibt keine besseren Investitionen!*

Tipp acht: Seien Sie bereit, Fehler zuzugeben

In einem Film aus den siebziger Jahren heißt es an einer Stelle: „Liebe bedeutet, niemals sagen zu müssen ‚Es tut mir Leid‘". Ausgenommen, so möchten wir augenzwinkernd hinzufügen, die paar Dutzend Male pro Woche, die wir falsch liegen oder stur, rücksichtslos, vergesslich, dumm oder faul sind! Wie schaffen wir es, zuzugeben, dass wir Unrecht hatten, und uns dafür aufrichtig zu entschuldigen?

Eine Familie hat so viele Individualisten, wie sie Mitglieder hat. Das macht die ganze Sache ja so schwierig! Wenn alle zusammen sind, kommt es leicht zu Überreaktionen. In solchen Situationen hat uns die Entdeckung geholfen: Die Liebe ist fähig zu sagen: „Ich hab es mal wieder vermasselt, es tut mir Leid!"

Vielleicht helfen Ihnen folgende Anregungen, für fällige Entschuldigungen die richtigen Worte zu finden:

1. *Wenn Sie im Unrecht sind und sich entschuldigen müssen.* Achten Sie darauf, dass Sie eine Aussage über sich selbst machen, und vermeiden Sie es, den anderen anzugreifen. Beispiel: „Es tut mir Leid, dass ich so reagiert habe. Vergib mir bitte." Falsch wäre: „Was ich gesagt habe, tut mir Leid, aber du hast mich auch wirklich provoziert."

2. *Vermeiden Sie Selbstrechtfertigungen.* Sagen Sie nicht: „Meine Überreaktion tut mir Leid, aber ich bin auch total müde. Du hättest in meiner Situation sicher genauso reagiert." Besser ist: „Es tut mir Leid. Kannst du mir verzeihen?"

Wenn Sie in Ihrer Familie die Liebe verwirklichen wollen, dann ergreifen Sie die Initiative in Situationen, wo jemand verletzt wurde. Tun Sie den ersten Schritt. Mit ein wenig Übung kommen Ihnen die vier so schwierigen Worte „Es tut mir Leid" immer leichter über die Lippen. Und andere werden Ihrem Beispiel folgen. Ihrer Familie wird das gut tun.

Tipp neun: Entscheiden Sie sich dafür, Vertrauensvorschuss zu geben

Hat Ihr Kind sich so verhalten, dass Sie meinen, ihm nie wieder vertrauen zu können? Es ist immer leicht, die Schuld dann allein bei dem Kind zu suchen. Überdenken Sie bitte einmal Ihre Vorstellungen von Vertrauen.

In seinem Buch *What Teenagers Wish Their Parents Knew About Kids* schreibt Fritz Ridenour:

„Eigentlich haben Sie gar keine andere Wahl, als Ihrem Teenager zu vertrauen, denn Misstrauen bringt immer nur noch mehr Misstrauen hervor. Wenn Sie aber Ihrem Teenager weiter Ihr Vertrauen schenken, wird die Botschaft irgendwann ihr Ziel erreichen."[8]

Auch wenn Ihr Kind einen schweren Fehler gemacht hat, müssen Sie als Eltern gerade diesem Kind auch weiterhin vertrauen. Achten Sie dabei darauf, dass Sie folgende Aussagen vermeiden:

- „*Verdien dir unser Vertrauen, dann werden wir dir auch vertrauen.*" Wie kann ein Kind seine Vertrauenswürdigkeit beweisen, wenn es nicht auch ein gewisses Maß an Entscheidungsfreiheit hat? Das heißt nicht, dass keine Konsequenzen folgen müssen, wenn derselbe Fehler immer wieder passiert. Eltern müssen beispielsweise reagieren, wenn ihr Kind ohne triftigen Grund die ganze Nacht wegbleibt. Entschuldigungen wie: „Es war gerade so schön, da habe ich ganz die Zeit vergessen", sind nicht akzeptabel.

- „*Wenn ich dir in diesem Bereich nicht vertrauen kann, wie kann ich es dann in anderen Bereichen?*" Vertrauen ist kein Geschenk, das, einmal gegeben, allezeit gültig bleibt. Es muss immer wieder aufgebaut und neu verschenkt werden. Wenn ein Fehler gemacht wurde, neigen viele Eltern dazu, gleich das gesamte Verhalten ihres Teenagers zu verurteilen: „Du warst wieder nicht zur verabredeten Zeit zu Hause, da kann ich dir in Schulangelegenheiten auch nicht vertrauen. Du wirst ab jetzt sofort nach der Schule nach Hause kommen und jeden Tag zwei Stunden lernen!"

Familienprojekte: Großzügig mit Konflikten und Meinungsverschiedenheiten umgehen

Projekt eins: Wir lernen, mit Zorn angemessen umzugehen

Sicher sind Sie auch schon einmal an dem Vorsatz gescheitert, nie wieder aus der Haut zu fahren. Zorn ist schwer zu kontrollieren. Oft genug ist es leider so, dass er vielmehr uns kontrolliert! Wie bekommen wir das in den Griff? Wir wollen uns dieses weit verbreitete Gefühl genauer anschauen und herausfinden, wie wir es für uns nutzen können. Die bloße Entscheidung, nie wieder wütend zu werden, hilft nicht weiter. Wir müssen lernen, mit unserer Wut angemessen umzugehen.

Beantworten Sie folgende Fragen zunächst allein. Dann machen Sie daraus ein Familienprojekt, entweder in einem Familienrat oder in Einzelgesprächen mit jedem Kind.

Machen Sie sich klar, wie Sie normalerweise mit Ihrer Wut umgehen. Überlegen Sie dann, wie Sie künftig gerne damit umgehen würden. Denken Sie in Ruhe über die folgenden Fragen nach. Vielleicht hilft es Ihnen auch, die Antworten aufzuschreiben:

1. *Wann werde ich zornig?* Welche Dinge und Umstände wecken bei mir Zorn?

2. *Wie fühle ich mich, wenn ich zornig bin?* Verletzt, frustriert, allein gelassen, missverstanden, ausgegrenzt?

3. *Was tue ich, wenn ich zornig bin?* Ziehe ich mich zurück und schmolle oder werde ich laut, werfe mit Gegenständen und knalle mit Türen?

4. *Wie möchte ich gerne reagieren, wenn ich zornig bin?* Dies ist Ihre Chance, in Ruhe mögliche Reaktionen durchzuspielen, von denen Sie wünschen, dass sie Ihnen zur Verfügung stünden. Möchten Sie ruhig mit dem anderen reden? Möchten Sie Ihre Gefühle aufschreiben, einen Spaziergang machen oder sich beim Sport verausgaben?

Der beste Tipp zum Schluss: Wenn Sie das nächste Mal zornig werden, denken Sie an die von Ihnen am meisten gewünschte Reaktion, bewältigen Sie Ihren Zorn und nutzen Sie seine Kraft für sich. Zorn kann, wenn richtig mit ihm umgegangen wird, durchaus zu einem Freund werden.

Praxistipp

Führen Sie ein Tagebuch: „Emotionale Notfälle und ihre Bewältigung"

Wenn Sie ein temperamentvolles Kind haben, das oft aufbraust, notieren Sie in einem Tagebuch die genauen Umstände des Wutanfalls und die benutzten „Gegenmittel". Hat Ihr Kind das Mittagessen verpasst? Fiel der Mittagsschlaf aus? Wenn Sie den genauen Grund kennen, der zum Konflikt mit Ihrem Kind geführt hat, können Sie ihn in Zukunft vielleicht vermeiden. Wenn Sie also Ihr Kind vom Kindergarten abholen, aber noch schnell etwas einkaufen müssen, nehmen Sie einen Müsliriegel oder etwas Obst mit. So kann die Zeit bis zum Mittagessen gut überbrückt werden, und der Konflikt ist abgewendet.

Projekt zwei: Überbrücken Sie die Kluft zwischen den Generationen

„Mama, du bist doch in einer ganz anderen Welt aufgewachsen!" Kommt Ihnen diese Aussage bekannt vor? Irgendwie stimmt das schon, die Welt, in der unsere Kinder aufwachsen, ist eine andere als die, in der wir aufwuchsen. Aber auch das kann man nutzen, um das Gespräch in der Familie zu fördern und das Verständnis der Generationen füreinander zu nutzen.

Wie das praktisch geht? Lassen Sie Ihre Kinder zwanzig Dinge aufschreiben, die es in Ihrer Kindheit noch nicht gab:

Computer	CDs/DVD
Handy	Raumfähren
Snowboards	Inliner

Internet   Digitalkamera
SMS   Tamagotchis

Sie werden überrascht sein, was alles zusammenkommt. Diskutieren Sie, welche der Erfindungen hilfreich und welche unnötig oder gar schädlich sind.

Vielleicht beenden Sie dieses Gespräch mit einer Liste von Dingen, für die Sie dankbar sind. Sie können das auch in einem Gebet formulieren. Danken Sie für all das Gute, das Sie als Familie genießen können. Das tut nicht nur der Kommunikation gut, die Kluft zwischen den Generationen wird auch schmaler. Vielleicht verschwindet sie sogar ganz!

Projekt drei: Backen Sie Aggressionskekse

Kennen Sie diese Tage, an denen alles anders läuft als geplant? Sie haben einen schönen Ausflug geplant, und es regnet in Strömen? Ihr Kind hat schlechte Laune, weil es in der Schule gehänselt wurde? Ihre Kinder fragen alle zehn Sekunden: „Was sollen wir machen, uns ist langweilig?" Das ist genau der richtige Zeitpunkt, um Aggressionskekse zu backen.

Das Rezept ergibt ca. 150 Stück. Wenn Sie nicht gerade eine Armee verpflegen möchten, können Sie es halbieren. Heizen Sie den Backofen auf 180 °C vor.

Sie brauchen:
- 6 Tassen Haferflocken
- 3 Tassen braunen Zucker
- 3 Tassen Margarine
- 3 Tassen Mehl
- 1 gestr. Teelöffel Backpulver

Kneten Sie die Zutaten so lange, bis Sie sich besser fühlen – und bis alles eine geschmeidige Masse ergibt. Formen Sie aus dem Teig etwa walnussgroße Bällchen. Setzen Sie diese auf ein ungefettetes Backblech. Drücken Sie die Bällchen mit einer Gabel flach und bestreuen Sie sie mit Hagelzucker. 10–12 Minuten backen und zum Auskühlen auf einen Rost legen. Luftdicht verschlossen aufbewahren. Der Teig hält sich im Kühlschrank einige Tage.

Kapitel fünf

Starke Familien fördern Verantwortungsbewusstsein

„Beherzte Risiken sind Leben spendend,
sie lassen dich wachsen,
machen dich mutig und besser als du denkst."
MARIE CURIE

Als unser jüngster Sohn zum Gymnasium kam, sagte ich (Claudia) ihm Folgendes: „Jonathan, ich möchte, dass du weißt, dass ich nicht mit dir auf diese Schule gehen werde."

Er war verwirrt und fragte sich sicherlich, ob seine Mutter jetzt endgültig den Verstand verloren hatte. Ich fuhr fort: „Ich bin bereits drei Mal zur Schule gegangen: Einmal selbst und zweimal mit deinen älteren Brüdern. Jetzt ist Schluss."

Jonathan schien erleichtert, aber immer noch ein bisschen ver-

*Verantwortungs-
bewusstsein und
Selbstdisziplin
können Kinder am
besten in der
eigenen Familie
erwerben.*

wirrt. So erklärte ich: „In den letzten sechs Jahren habe ich deinen Brüdern bei der Vorbereitung von Klassenarbeiten und naturwissenschaftlichen Projekten geholfen. Ich bin müde. Ich mache das nicht mehr. Du bist auf dich selbst gestellt!"

Jonathan bedankte sich, wusste aber offensichtlich noch immer nicht, worauf ich hinauswollte, was sich jedoch in den nächsten Wochen änderte. Als er einmal vergaß, für eine Mathearbeit zu lernen und mich fragte, warum ich ihn nicht erinnert hätte, sagte ich nur: „Es ist deine Schule, nicht meine."

Innerhalb von kurzer Zeit entwickelte Jonathan ein großes Verantwortungsgefühl für alles, was mit Schule zusammenhing. Ich war erleichtert, dass das nicht länger in meine Verantwortung fiel.

Kinder brauchen unbedingt jemanden, der ihnen Verantwortungsgefühl und Selbstdisziplin beibringt, ohne die sie im Leben nicht erfolgreich sein können. Als Eltern machen wir dabei aber oft zwei entscheidende Fehler: Entweder erledigen wir Dinge für unsere Kinder, weil es einfacher ist, oder wir möchten unbedingt, dass sie Erfolg haben, und sitzen ihnen mit unserem Ehrgeiz im Nacken. Das war für mich der Grund, warum ich bei unseren beiden älteren Söhnen die Hausaufgaben kontrollierte. Dadurch brauchten sie keine eigene Verantwortung zu übernehmen. (Später haben sie es dann doch gelernt!)

Lassen Sie uns einmal in die Zukunft schauen: Stellen Sie sich Ihre Kinder als Erwachsene vor. Wie soll Ihre Beziehung dann aussehen? Wie sollen die Beziehungen Ihrer Kinder untereinander sein? Können Sie sich Augenblicke vorstellen, in denen Sie zusammen lachen, reden, die Gegenwart des anderen genießen? Wäre es nicht schön, die Gemeinschaft mit den Kindern zu genießen, ohne sich für sie verantwortlich fühlen zu müssen? Was können Sie tun, damit dieser Wunsch Wirklichkeit wird?

Ein altes Sprichwort sagt: „Ziele auf nichts, dann wirst du treffen." Das gilt in der Erziehung sicher nicht. Sie möchten, dass aus Ihren Kindern reife, verantwortungsbewusste Erwachsene werden? Dann müssen Sie ihre Verantwortung fördern und mit Ihren Kindern zusammenarbeiten. Was muss Ihr Kind wissen, wenn es mit achtzehn oder zwanzig aus dem Haus geht? Wird es seinen Platz in der Welt der Erwachsenen einnehmen können? Wird es morgens rechtzeitig aus dem Bett finden? Wird es mit der Wäsche zurechtkommen? Wird es seine Bankgeschäfte erledigen können? Wird es mit Chefs, Kollegen, Schwiegereltern und anderen Menschen auskommen können?

Kinder, denen man alle Verantwortung abnimmt, können kein verantwortliches Verhalten erlernen.

Denn eines Tages wird Ihr Kind einfach mit all diesen Dingen fertig werden müssen! Aber es geht nicht so sehr darum, ihm zu zeigen, wie man all diese Dinge im Einzelnen bewältigt. Viel wichtiger ist es, dass Sie ihm Verantwortungsbewusstsein und Selbstdisziplin beibringen. Das wird sich in allen Lebensbereichen auswirken. Das ist wichtiger als das Wissen, wie man ein Konto eröffnet oder eine Waschmaschine anstellt. Folgende Tipps haben wir für Sie:

So fördern Sie Teamgeist und Verantwortungsgefühl

Tipp eins: Überprüfen Sie Ihren Erziehungsstil

Die Art und Weise, in der Sie Ihr Kind erziehen, hat einen Einfluss darauf, wie gut Sie mit Ihrem Kind zusammenarbeiten und wie leicht Sie bereit sind, ihm eigene Verantwortung zu übertragen. Erkennen Sie sich in einem der folgenden Stile wieder?

● *Der überfürsorgliche Stil*: Diese Eltern schweben, ähnlich einem Hubschrauber, ständig wachsam über ihren Kindern. Die Windeln des Säuglings werden gewogen, um sicherzustellen, dass das Baby auch ja genug Nahrung bekommt; die Bücherregale sind überladen mit Erziehungsratgebern und -videos. Claudia schlug in diese Richtung, als sie sich zu sehr um die schulischen Angelegenheiten unserer Söhne kümmerte.

Wenn dies Ihr Erziehungsstil ist, nehmen Sie sich zurück und achten Sie darauf, dass Ihr Kind auch eigenes Verantwortungsgefühl entwickelt. Das kommt nämlich zu kurz, wenn Sie immer alles für Ihr Kind tun.

- *Der Laisser-faire-Stil.* Falls Sie nicht sicher sind, ob dies Ihr Stil ist und es Ihnen eigentlich auch egal ist, dann sind Sie der typische Laisser-faire-Typ. Dass und ob Ihr Kind Verantwortungsgefühl entwickelt, für Sie ein durchaus erstrebenswertes Ziel, überlassen Sie dem Zufall oder den Umständen. Ihr Kind kann tun, was es möchte. Sie lassen die Dinge einfach laufen. Ihre Kinder sagen, dass sie als Vater oder Mutter ganz okay sind – d. h. wenn Sie einmal da sind.

  Bei diesem Stil kann es passieren, dass Sie nicht genug am Leben Ihrer Kinder teilnehmen. Oder dass Sie zu wenig Orientierung geben und keine Konsequenzen bei Fehlverhalten aufzeigen. Sie legen keine oder nur wenig Ziele für Ihre Kinder fest, und das Stichwort „Familienprojekte" gehört nicht zu Ihrem Wortschatz.

- *Der Lass-mich-nur-machen-Stil.* Sie setzen für Ihr Kind Ziele fest – und schießen dabei leider öfter über das Ziel hinaus. Sie geben haufenweise Anweisungen – je mehr Struktur etwas hat, desto besser. Flexibilität ist nicht Ihre Stärke, und das Wort „Verhandlung" ist Ihnen fremd. Wenn Sie alles durch Anweisungen regeln, wie kann Ihr Kind dann Selbstdisziplin lernen? Versuchen Sie, gemeinsam mit Ihrem Kind, realistische Ziele zu stecken, und bemühen Sie sich um größere Flexibilität. Perfektionismus war noch selten ein guter Ratgeber.

- *Der begleitende Stil.* Jeder Erziehungsstil hat Vor- und Nachteile, wir persönlich bevorzugen jedoch diesen Stil. Wir haben gut reden – unsere Söhne sind erwachsen, wir stehen nicht mehr aktiv in der Erziehungsarbeit. Eltern, die in diesem Stil erziehen, begleiten ihre Kinder als Partner und ermöglichen es ihnen, allmählich in Selbstverantwortung und Selbstdisziplin hineinzuwachsen. Kinder sind ein Geschenk Gottes. Unsere „Gegengabe" kann es sein, dass wir als Eltern unsere Kinder durch unsere Erziehung in die Lage versetzen, ihr Leben verantwortlich zu meistern. Das sollte uns Ansporn sein, unseren Erziehungsstil zu überprüfen und die Vermittlung von Verantwortungsgefühl ganz oben auf unsere Prioritätenliste zu setzen!

Tipp zwei: Helfen Sie Ihrem Kind beim Schlafengehen

Die Zeit des abendlichen Zubettgehens ist für viele übermüdete Eltern ein empfindlicher Punkt. Sie könnten gut einige Anregungen gebrauchen, wie man auch und gerade in diesem Bereich zu größerer Verantwortung oder zumindest zu mehr wohlwollender Bereitschaft zur Zusammenarbeit kommt. Unsere Kinder waren immer leicht ins Bett zu bringen – aber nur schwer dort zu halten! Nach dem zehnten Schluck Wasser, dem fünften Mal auf der Toilette und der vierten zusätzlichen Gute-Nacht-Geschichte waren auch wir reif fürs Bett!

Wie können Sie diese zugegebenerweise schwierigste Zeit des Tages entschärfen und Ihren Kindern beibringen, (über kurz oder lang) alleine zu Bett zu gehen? Hier eine Sammlung von bewährten und praxiserprobten Tipps:

1. *Schaffen Sie Ihr Gute-Nacht-Ritual.* Kinder lieben Rituale, also überlegen Sie sich eines. Wenn Sie es ganz neu einführen, starten Sie eine halbe Stunde, bevor Sie endgültig das Licht ausmachen und den wirklich letzten Gute-Nacht-Kuss geben.

2. *Geben Sie Ihrem Kind ein Kuscheltier oder eine Schmusedecke.* Kinder lieben das. Es gibt ihnen das Gefühl, im Bett nicht allein zu sein.

3. *Seien Sie konsequent.* Licht aus heißt auch wirklich Licht aus. Wenn Ihr Kind im Bett ist, wird nicht mehr gelesen, gesungen, verhandelt oder gebettelt.

4. *Belohnen Sie gutes Verhalten.* Machen Sie eine Liste, auf der Sie jedesmal einen kleinen Stern eintragen, wenn Ihr Kind bereit-

willig ins Bett gegangen und auch dort geblieben ist. Bei zehn Sternen gibt es eine Belohnung.

5. *Wenn nichts hilft, gehen Sie zu Ihrem Kinderarzt.* Er kann Ihnen sicherlich weiterhelfen.

Vermeiden Sie in jedem Fall, dass Ihr Kind es als Belohnung empfindet, ins elterliche Bett zu kriechen. Wenn es kommt, umarmen Sie es liebevoll – und bringen Sie es zurück in sein eigenes Bett! Noch ein Tipp: Spielen Sie niemals mitten in der Nacht den Kasper für Ihr Kind. Seien Sie einfach langweilig. Dann können Sie am nächsten Morgen Ihrem Spiegelbild freundlich zulächeln. Seien Sie versichert: Auch Ihr Kind wird eines Nachts durchschlafen.

Tipp drei: Überlegen Sie sich Hilfsmaßnahmen für den berühmten „Morgenstress"

Gemeinsam geht alles besser, das gilt auch für die „Hauptkampfzeit" am Morgen, wenn alle ins Bad und nach einem idealerweise gemeinsamen Frühstück pünktlich das Haus verlassen müssen. In vielen Familien ist das die stressigste Zeit am Tag. Aber sie kann auch zu einer großartigen Gelegenheit werden, das Verantwortungsgefühl zu fördern.
Wie wäre es mit folgenden Tipps:

1. *Planen Sie im Voraus.* Regeln Sie die wichtigsten Dinge bereits am Abend vorher, das vermeidet eine Menge Stress. Ihre Kinder können ihre Schultaschen fertig packen und an die Haustür stellen. Lassen Sie sie auch die Kleidung für den kommenden Tag herauslegen.

2. *Teilen Sie Verantwortung auf.* Unsere Söhne haben sich ihr Frühstücksbrot immer selbst geschmiert. Ältere Kinder können schon am Abend den Tisch für das Frühstück decken.

3. *Geben Sie Ihrem Kind einen Wecker.* Das hilft ihm, morgens rechtzeitig aufzustehen.

4. *Führen Sie eine wöchentliche Aufgabenliste ein.* Achten Sie aber darauf, dass die Aufgaben wechseln, damit sich niemand benachteiligt fühlt.

5. *Lassen Sie morgens fröhliche Musik laufen.* Das gibt dem Tag gleich einen positiven Anstrich.

Planen Sie nach einer vollen Woche für das Wochenende etwas Schönes zum Entspannen, wo Sie nicht auf die Uhr schauen und auch keine große Verantwortung übernehmen müssen. Mit unseren Tipps wird auch Ihre morgendliche Stresszeit sicher besser laufen, und Ihre Kinder erfahren gleich praktisch, was es bedeutet, zusammenzuarbeiten und Verantwortung zu übernehmen.

Tipp vier: Lernprozess Entscheidungen treffen

Eine gemeinsam getroffene Entscheidung kann das Familienleben bereichern und Ihren Kindern einen guten Weg für ihre eigenen Entscheidungen aufzeigen. Wenn eine Entscheidung ansteht, machen Sie daraus ein Vier-Punkte-Programm:

1. *Definieren Sie genau, worum es geht.* Was versuchen Sie zu entscheiden? Schreiben Sie es auf.

2. *Reden Sie als Familie darüber.* Das ist der wichtigste Teil. Achten Sie darauf, dass nicht nur Tatsachen, sondern auch Gefühle berücksichtigt werden. Lassen Sie jedes Familienmitglied an diesem Prozess teilhaben.

3. *Machen Sie ein Brainstorming zu möglichen Lösungen.* Wählen Sie die Lösung aus, mit der Sie es versuchen wollen. Manchmal liegt die Lösung auf der Hand, aber meist wird die Familie einen Kompromiss finden müssen.

4. *Legen Sie einen Aktionsplan fest.* Schreiben Sie auf, was jeder tun muss, damit die gerade getroffene Entscheidung umgesetzt werden kann.

> *Nichts ist entmutigender als eine Entscheidung, die getroffen, aber nicht umgesetzt wurde.*

Es gibt ein Sprichwort, das sagt: Aufgeschobene Hoffnung macht das Herz krank. Nichts ist entmutigender als eine Entscheidung, die getroffen, aber nicht umgesetzt wurde. Wenn Sie sich als Familie also entschieden haben, zögern Sie die Umsetzung nicht unnötig hinaus. Gemeinsam getroffene Entscheidungen können für Ihr Kind eine wertvolle Hilfe für die notwendigen eigenen Entscheidungen sein.

Praxistipp

Praxistipp: Bringen Sie Ihre Trödler und Träumer in Schwung

Hat Ihr Kind das Gefühl, „Beeil dich" sei sein zweiter Vorname? Und wie kommt es, dass Kinder immer gerade dann, wenn Sie es besonders eilig haben, besonders herumtrödeln? Kinder haben ein unnachahmliches Talent darin, in Stresssituationen herumzutrödeln. Hier einige Tipps, wie Sie aus Ihrer Schlaftablette einen Vitaminstoß machen:

- *Machen Sie aus langweiliger Routine ein Spiel. „Lass uns einmal sehen, ob du vier Päckchen in den Korb packen kannst, bevor ich bis vier gezählt habe."*
- *Unterscheiden Sie klar zwischen Spaß und Ernst. „Ich erzähle die Geschichte erst, wenn du dir die Zähne geputzt hast."*
- *Geben Sie Ihrem Kind Zeit, sich auf eine neue Aktivität einzustellen. „In fünf Minuten gehen wir Hände waschen." Benutzen Sie einen Küchenwecker.*
- *Ab und zu sollten Sie auch sagen: „Lass dir so viel Zeit, wie du brauchst." Meinen Sie das dann aber ehrlich und entspannen Sie sich. Wenn all dies nichts hilft, sollten Sie vielleicht Ihr eigenes Tempo zeitweise dem Ihres Kindes anpassen. Denken Sie daran: Das Leben ist zu kurz, um hindurchzurasen!*

Familienprojekte:
Eigenverantwortlichkeit fördern

Projekt eins: So sehen Sie Hausaufgaben gelassener

Bereiten Ihnen die Hausaufgaben Ihrer Kinder Kopfschmerzen? Für die meisten Eltern ist das Schuljahr schon hektisch genug, aber als Hausaufgabenpolizei wird es noch schlimmer. Wie können Sie Ihre Kinder anleiten, die Verantwortung für ihre Hausaufgaben zu übernehmen? Richten Sie ein Hausaufgaben-Center in Ihrer Wohnung ein. Damit gehören Ihre Kopfschmerzen schon bald der Vergangenheit an.

Kinder möchten normalerweise in der Nähe der Eltern sein. Die Hausaufgaben im eigenen Zimmer machen zu müssen, ist todlangweilig. Eine findige Mutter überlegte sich folgende großartige Lösung. Sie richtete um den Küchentisch herum eine Hausaufgaben-Zentralstelle ein. So war sie für eventuelle Fragen gleich in der Nähe und konnte ihre Kinder auch jederzeit ermutigen. Sie besorgte einen großen Karton, in den alle notwendigen Utensilien kamen. Die Kinder beklebten ihn und gaben ihm den Namen „Erste-Hilfe-Karton für Hausaufgaben". Folgendes sollte darin nicht fehlen:

Papier	Stifte	Anspitzer
Filzstifte	Füller und Patronen	Schere
Wörterbuch	Kleber	Lineal

Wenn Sie Ihre Kopfschmerzen ganz loswerden möchten (und das Gefühl, für alles verantwortlich zu sein, gleich dazu), führen Sie ein Hausaufgabenheft ein. Jedes Kind notiert, was es aufhat und was es davon erledigt hat.

Wenn alles erledigt ist, feiern Sie mit einem kleinen Imbiss, immerhin sitzen Ihre Kinder ja sowieso gerade in der Küche. Sie sind der Held, und Ihre Kopfschmerzen sind Geschichte.

Praxistipp

Seien Sie fair und ermutigen Sie, ohne zu überfordern

Nicht alle Lektionen lernt man im Klassenzimmer. Außerschulische Aktivitäten wie Sport helfen Ihrem Kind, Verantwortung zu übernehmen, mit anderen zurechtzukommen und sich angemessen zu benehmen.

Auch Eltern lernen nie aus. Wenn Ihr Kind Fußball, Tennis, Handball oder etwas anderes spielt, beachten Sie bitte folgende Tipps. Denken Sie daran: Sie sind immer auch Vorbild!

- *Machen Sie Ihrem Kind klar, dass es für Sie immer die Nummer eins ist, auch wenn es einmal verliert oder Angst hat. Vermitteln Sie, dass Sie seine Bemühungen schätzen und nicht enttäuscht sind, wenn etwas nicht geklappt hat!*
- *Unterstützen Sie Ihr Kind bei dieser Aktivität, aber übernehmen Sie nicht die Rolle des Trainers, weder vor noch nach dem Spiel noch beim Frühstück am nächsten Morgen.*
- *Übertragen Sie Ihren sportlichen Ehrgeiz nicht auf Ihr Kind. Das schafft nur unnötigen Druck.*
- *Streiten Sie nicht mit Trainern, Schiedsrichtern und Mitspielern. Das ist unsportlich und für Ihr Kind hoch peinlich.*

Bei sportlichen Aktivitäten kann Ihr Kind eine Menge lernen: Disziplin, Selbstbeherrschung, Befolgen von Anweisungen, Respekt vor Autoritätspersonen und den Ehrgeiz, ein Ziel zu erreichen und sein Bestes zu geben. Ermutigen Sie Ihr Kind, aber üben Sie keinen Druck aus. Der eigene elterliche Stolz hat hier nichts zu suchen. Wenn Ihr Kind weiß, dass Sie es auch bei Misserfolgen lieben, wird es sein Bestes geben und Spaß daran haben – und das fällt auch auf Sie zurück!

Projekt zwei: Starten Sie ein Familienunternehmen

Viele Jugendliche warten sehnsüchtig auf den Tag, an dem sie alt genug sind, um einen Nebenjob annehmen zu können. Wie alles im Leben, hat auch so etwas Vor- und Nachteile und ist für die Einheit innerhalb der Familie nicht immer hilfreich. Es gibt aber auch Möglichkeiten zum Geldverdienen, die die Einheit stärken: Starten Sie doch Ihr eigenes Familienunternehmen!

Wir werden nie das Jahr vergessen, in dem unsere Söhne ihre eigene Erdnussbutterproduktion aufnahmen. Wir lebten damals in Österreich, und Erdnussbutter war, wenn man sie überhaupt bekam, extrem teuer. Andererseits war die Nachfrage bei den dort lebenden Ausländern riesengroß. Ein Freund unserer Söhne zog zurück in die Vereinigten Staaten, und er verkaufte ihnen seine Erdnussbuttermaschine samt Kundenliste für fünfundzwanzig Euro. Das war die Geburtsstunde der Arp-Brüder-Erdnusso GmbH.

Dieser Ausflug ins Unternehmertum erwies sich für unsere Söhne als eine hervorragende Gelegenheit, Verantwortungsbewusstsein zu entwickeln und konkret zu erleben, dass echtes Engagement sich lohnt. Sie mussten Bücher führen, Kalkulationen aufstellen und Stundenzettel ausfüllen. Am Ende des Monats bekam jeder den ihm zustehenden Anteil, der sich nach dem geleisteten Einsatz bei der Produktion von Erdnussbutter richtete. Einmal bekam einer der Jungs nur fünfzehn Cent, während die Anteile seiner Brüder zehn und fünf Euro betrugen. Im nächsten Monat setzte er sich entsprechend mehr ein, um seinen Anteil am Gewinn zu erhöhen.

Produktion und Verkauf von Erdnussbutter wurde für uns zum Familienunternehmen, weil auch wir als Eltern gefordert waren. Wir halfen beim Einkaufen der Erdnüsse und betätigten uns als Auslieferungsservice. Und gelegentlich halfen wir auch beim Aufräumen der Küche – aus reiner Notwehr.

Auch wenn wir im Rückblick sagen müssen, dass diese Zeit oft nervig und chaotisch war, würden wir es doch jederzeit wieder machen, denn als sich unser Sohn Jarrett einige Jahre später mit sechzehn für seinen ersten Nebenjob bewarb, war er der Einzige, der einen vernünftigen Lebenslauf zustande brachte und der bereits unternehmerische Erfahrung mitbrachte.

Versuchen Sie es doch auch einmal. Halten Sie einen Familienrat und besprechen Sie verschiedene Möglichkeiten. Es muss ja nicht immer groß aufgezogen werden. Fangen Sie mit einem privaten Flohmarkt in der Garageneinfahrt an, mit dessen Erlös Sie sich als Familie etwas Besonderes gönnen oder ein bestimmtes

Hilfsprojekt unterstützen. Egal, in welchem Rahmen Sie Ihre Pläne verwirklichen, Sie werden das Verantwortungsbewusstsein Ihrer Kinder stärken und gleichzeitig gute Erinnerungen für das Familienarchiv sammeln. Viel Glück!

Projekt drei: Suchen Sie sich ein gemeinsames Hilfsprojekt

In unserer schnelllebigen Welt, in der der Familienkalender immer rasch voll belegt ist mit den Terminen für Arbeit, Schule, Sport und sonstigen Veranstaltungen, ist es nicht immer einfach, den Gedanken zu vermitteln, dass auch der Einsatz für andere wichtig ist und viel Freude machen kann. Unser Vorschlag: Suchen Sie sich Ihr persönliches Familien-Hilfsprojekt.

Zunächst ist wieder einmal der Familienrat gefragt, um aus den vielen Möglichkeiten die herauszusuchen, die sich für Sie am besten eignet.

- Bieten Sie einem älteren Nachbarn Hilfe bei der Gartenarbeit an, besonders bei Arbeiten, die für ihn allein zu schwierig sind.
- Übernehmen Sie die Patenschaft für ein Kind in einem Kinderheim. Versuchen Sie, einen echten Kontakt aufzubauen, indem Sie dieses Kind vielleicht auch zu sich nach Hause einladen oder, wenn das nicht möglich ist, ein liebevoll zurechtgemachtes Päckchen schicken.
- Setzen Sie sich für ein Umweltprojekt ein. Fragen Sie bei der zuständigen Behörde nach Möglichkeiten, vielleicht bei der Säuberung eines Parks mitzuhelfen. Weisen Sie aber Ihre Kinder auf mögliche Gefahren (z. B. durch gebrauchte Spritzen oder rostige Nägel) hin. Schutzhandschuhe nicht vergessen.
- Backen Sie einen ganzen Schwung leckerer Kekse und schicken Sie sie an irgendjemandem, dem Sie damit eine Freude machen können. Oder bringen Sie sie zu Ihrer örtlichen Feuerwehr- oder Polizeidienststelle. Die Beamten werden bestimmt begeistert sein über eine so schöne Anerkennung ihrer Arbeit.
- Bieten Sie einem älteren Nachbarn Fahrdienste an für Arzttermine, Einkauf oder Gottesdienstbesuche.

- Helfen Sie im Tierheim aus.
- Ein Vorschlag für Computerfreaks: Helfen Sie einer älteren Person beim Umgang mit dem Computer oder dem Zurechtfinden im Internet. Vielleicht gibt es in Ihrer Stadt eine Tagesbetreuung für Senioren. Dort oder auch in Ihrer Gemeinde könnten Sie einen Hinweis aushängen. Diese Aufgabe erfordert allerdings Geduld und ein großes Maß an Taktgefühl. Aber vielleicht finden Sie ja auf diese Art auch einen „ehrenamtlichen" Opa für Ihre Familie!

Projekt vier: Starten Sie ein Drei-Wochen-Experiment für den Kampf gegen die Unordnung

Regt Unordnung Sie auf? Versuchen Sie es mit dem Drei-Wochen-Experiment. Unserem Sohn Jonathan hat es geholfen, seine Räuberhöhle in ein (fast) sauberes Zimmer zu verwandeln.

Man braucht drei Wochen, um eine neue Gewohnheit anzunehmen. Das ist ein überschaubarer Zeitraum. So haben wir unseren Sohn nicht mit der deprimierenden Forderung geplagt, er müsse ein lebenslanges Ordnungs-Gelübde ablegen, sondern ihn aufgefordert, für die Zeit von (nur) drei Wochen sein Zimmer ordentlich und sauber zu halten. Das war ein Zeitraum, der für ihn machbar erschien. Als zusätzliche Motivation boten wir ihm für die Dauer von drei Wochen einen Euro pro Tag an – wenn sein Zimmer ordentlich war.

Einige Auflagen kamen hinzu: Schmutzige Wäsche durfte nicht in Schubladen oder unter dem Bett verschwinden, und das Zimmer musste drei Wochen in Folge sauber sein. War er nur einen Tag nachlässig, wurde wieder von vorn gezählt.

War das Experiment erfolgreich? Ja, und nicht nur das. Die drei Wochen verliefen harmonisch – ohne die üblichen Auseinandersetzungen um Sauberkeit im Allgemeinen und Zimmer aufräumen im Besonderen. Wir machten in einem sonst eher sensiblen Bereich Fortschritte, ohne ständig nörgeln zu müssen, und wir hatten das Gefühl, erfolgreich zu sein, ohne dass das Thema „Unaufgeräumtes Zimmer" ständig zum Hauptthema wurde. Heute ist Jonathan verheiratet, und sein Zuhause ist immer ordentlich und sauber. (Wir vermuten, dass dieser Umstand zum größten Teil seiner Frau zu verdanken ist, aber das macht ja nichts.) Vielleicht ist dieses Experiment auch etwas für Ihren „Familienchaoten"!

Projekt fünf: Fordern Sie Ihren Teenager in spé

Haben Sie ein Kind, das demnächst ins Teenie-Alter kommt? Alle unsere Söhne erreichten diesen neuen Lebensabschnitt auf dem Weg über unseren „Teenie-Parcours". Das war eine wunderbare Methode, sie (und uns!) auf diese für Kinder wie Eltern oft anstrengenden Jahre vorzubereiten. Und so funktioniert er:

Einige Monate vor ihrem dreizehnten Geburtstag bekamen unsere künftigen Teenager einen Aktionsplan „Projekt Zwölf-ein-halb", der ihnen helfen sollte, sich auf ihren Übergang vom Kind zum Erwachsenen vorzubereiten. Ein selbstbewusster Teenager lässt sich nicht so leicht zu fragwürdigen Aktionen überreden, und wir wollten alles in unserer Macht Stehende tun, um unsere Söhne auf einen guten Weg zu bringen.

Das Projekt umfasste Aufgaben in vier Bereichen – Fitness, Charakter und Überzeugungen, Lernen und Wissen, praktische Fähigkeiten – über die wir uns ausgiebig Gedanken gemacht hatten. Für jeden dieser Bereiche überlegten wir uns individuell verschiedene Aufgaben, die als Hilfe und Ermutigung gedacht waren, zum Beispiel:

Fitness: Wir richteten uns nach den Begabungen unserer Söhne, und gaben jedem eine andere Aufgabe: Einer sollte einen Kilometer unter fünf Minuten laufen, einer sollte seine Schwimmleistungen verbessern, der dritte seine Vorhand im Tennis.

Charakter und Überzeugungen: Jeder Sohn arbeitete sich durch einen biblisch begründeten Verhaltenskodex. Dadurch entwickelte er seinen ganz eigenen Kodex für die Zeit der Pubertät und konnte sich so rechtzeitig für bestimmte Überzeugungen und Grundhaltungen entscheiden, dass es später nicht so schwer fiel, einem negativen Gruppendruck (etwa in Sachen Alkohol und Rauchen) zu widerstehen.

Lernen und Wissen: Jeder las die Biografie einer Person, die er bewunderte, und schrieb darüber einen Bericht. Auch hier kann man die Aufgaben je nach Interessen und Notwendigkeiten individuell anpassen, einer unserer Söhne hatte für diesen Bereich eine Aufgabe zur Erweiterung seiner Französischkenntnisse.

Praktische Herausforderung: Jeder bekam ein festes Taschengeld und verdiente auch schon einmal etwas durch kleinere Gelegenheitsjobs. Den Betrag, den er bis zu seinem Geburtstag sparte, würden wir verdoppeln. Jeder unserer Söhne plante auch ein Campingwochenende mit seinem Vater, wobei die Planung der Mahlzeiten in den Händen des Sohnes lag. Auf diese Art und Weise hat Dave einige wirklich interessante Gerichte kennen gelernt – und mit jedem unserer Söhne sehr wertvolle und einzigartige Tage verbracht.

Alle unsere Söhne akzeptierten dieses Projekt Zwölf-einhalb – mal mehr, mal weniger begeistert, und alle sind gut vorbereitet und selbstbewusst in die Pubertät gestartet. In unserem Buch *Und plötzlich sind sie 13 oder Die Kunst, einen Kaktus zu umarmen* (Gießen: Brunnen, 26. Aufl. 2004) finden Sie noch weitere Anregungen, wie Sie Ihren künftigen Teenager auf diese Zeit vorbereiten – und wie Sie selbst sie auch überleben.

Kapitel sechs

Starke Familien entwickeln eine gemeinsame Spiritualität

Das rechte Gebet ist nie vergeblich.
Du wirst nie mit leeren Händen zurückkommen.
Du wirst immer etwas Gutes empfangen,
das du gerade zur Zeit brauchst.
D.H. DOLMAN

Ein Asyl für jeden Kummer ist das Gebet.
JOHANNES CHRYSOSTOMOS

Studien zeigen, dass es einen unmittelbaren Zusammenhang zwischen der Stärke einer Familie und ihrem Maß an religiöser Orientierung gibt. Vielleicht kennen Sie das Sprichwort: „Familien, die zusammen beten, bleiben auch zusammen." Familienforscher würden dem unbedingt zustimmen, denn sie haben herausgefunden, dass einer der Hauptfaktoren, die Familien stark machen, eine gesunde religiöse Basis ist. Eine religiöse Bindung kann eine wichtige und nicht zu unterschätzende Kraftquelle für den Familienzusammenhalt sein.

Eine persönliche Glaubenshaltung ist einer der wichtigsten Faktoren, die Familien stabilisieren.

Dem können wir uns nur anschließen. Wir haben die Erfahrung gemacht: Gott in unseren Alltag einzubeziehen gibt unserem Tun einen Sinn und motiviert uns, positiv mit dem anderen umzugehen. In unserer Beratungsarbeit beobachten wir immer wieder, dass starke Familien einen Lebensinhalt haben, der über die eigene Familie hinausreicht. Diesem Punkt messen wir große Bedeutung bei, und in diesem Kapitel wollen wir beschreiben, wie eine Familienspiritualität gefördert wird und welche Formen Familien finden können, um ihrem gemeinsamen Glauben Ausdruck zu verleihen.

Haben Sie für Ihre Familie schon einmal geistliche Ziele aufgestellt? Wenn ja, welche? Wissen Ihre Kinder, dass Gott in Ihrem Leben eine reale Größe ist? Beten Sie gemeinsam? Erzählen Sie Ihren Kindern davon, was Sie mit Gott erleben?

Wenn wir möchten, dass unsere Kinder eine persönliche Beziehung zu Gott bekommen, müssen wir selbst so eine Beziehung haben und sie auch in der Familie vorleben. Natürlich gibt es keine Garantie dafür, dass unsere Kinder auch einmal einen religiösen Weg einschlagen werden. Gott hat uns einen freien Willen gegeben – die Entscheidung für den Glauben muss jeder Mensch für sich allein treffen. Aber ein Kind, das religiöse Inhalte (z. B. biblische Geschichten) oder religiöse Ausdrucksformen wie Beten, Gottesdienst, konkrete Nächstenliebe nicht kennen gelernt hat, wird es später sehr schwer haben, eine begründete Entscheidung zu treffen – es weiß ja gar nicht, wofür oder wogegen es sich entscheiden könnte.

Die Bibel gibt konkrete Hinweise, wie wir unseren Glauben umsetzen und unseren Kindern vermitteln können:

„Hört, ihr Israeliten! Der Herr ist unser Gott, der Herr allein. Ihr sollt ihn von ganzem Herzen lieben, mit ganzer Hingabe, mit all eurer Kraft. Bewahrt die Worte im Herzen, die ich euch heute sage! Prägt sie euren Kindern ein! Redet immer und überall davon, ob ihr zu Hause oder unterwegs seid, ob ihr euch schlafen legt oder aufsteht." (5. Mose 6,4–7)

Es beginnt also mit uns: Wir sollen Gott lieben – von ganzem Herzen, mit ganzer Hingabe und mit all unserer Kraft. Wenn Gott in unserem Leben Priorität hat, dann – und nur dann – können wir unseren Kindern helfen, selbst eine Beziehung zu Gott zu bekommen; durch unser Reden, aber vor allem durch unser gelebtes Vorbild. Letzteres ist wahrscheinlich die größere Herausforderung – und klingt sehr anspruchsvoll. Da kann man leicht das Gefühl bekommen: Das kann ich nicht schaffen. Das Gefühl der eigenen Unfähigkeit will uns oft zum Aufgeben zwingen, nach dem Motto: Lieber gar kein Vorbild als ein schlechtes Vorbild. Wenn wir aber unseren Kindern den Schatz der Geborgenheit im Glauben mitgeben wollen, müssen wir unseren eigenen Glauben leben.

> *Ein Kind, das mit Glaubensinhalten nicht vertraut ist, wird es später sehr schwer haben, eine begründete eigene Entscheidung in Glaubensdingen zu treffen.*

Lassen Sie sich Mut machen, Ihren Glauben hör- und sichtbar werden zu lassen. Das kann bedeuten, dass bewusst Zeiten eingeplant werden, z. B. regelmäßige Familienandachten, in denen Sie mit Ihren Kindern über Dinge des Glaubens sprechen. Das bedeutet aber auch (und vielleicht ist dies viel entscheidender), dass Sie Situationen, die sich „einfach so ergeben", nicht ungenutzt verstreichen lassen. Das könnte z. B. so aussehen:

Marco, sechs Jahre, hat mit einem Stein eine Schramme in das Auto des Nachbarn geritzt. Als seine Mutter es erfährt, redet sie mit Marco über die Angelegenheit und erklärt ihm, dass er für das verantwortlich ist, was er tut. Er soll mit etwas Geld, das er gespart hat, dazu beitragen, den Schaden zu beheben. 10 Euro, die er für einen neuen Fußball zurückgelegt hatte, bringt er dem Nachbarn und entschuldigt sich. Ein paar Tage später gibt der Nachbar Marco sein Geld zurück. „Ich möchte das Geld nicht behalten", sagt er. „Ich weiß ja, dass es dir Leid tut." Welch eine Gelegenheit, darüber zu sprechen, wie Gott uns begegnet.

Aus dem Auto bemerkt Susanne einen Obdachlosen mit einem Schild: „Bitte um etwas Geld. Habe Hunger." Sie fragt ihre Mutter: „Warum geben wir ihm nichts?" Die Mutter erklärt ihr, dass sie obdachlose Menschen durch regelmäßige Spenden für eine karitative Organisation unterstützt und indem sie gelegentlich in der Kleiderkammer mithilft. Am Abend liest sie Susanne die Geschichte vom Barmherzigen Samariter vor. Susanne denkt über die Geschichte nach und sagt dann: „Wir müssen dem Mann morgen aber doch etwas Geld geben." Eine großartige Gelegenheit für ein Gespräch.

> *Wenn wir unseren Kindern den Schatz des Glaubens mitgeben wollen, müssen wir unseren Glauben hör- und sichtbar werden lassen.*

Ralf, 15, wurde von seiner Mutter motiviert, als freiwilliger Helfer den Spielplatz eines Kinderkrankenhauses in Ordnung zu halten und bei einem Projekt der Gemeinde zu helfen, in dem Wohnungen für einkommensschwache Familien gebaut wurden. Seine Eltern beteiligten sich ebenfalls an den Projekten. Die Beziehung zwischen Ralf und seinen Eltern hat das sehr positiv beeinflusst. „Sie sind meine besten Freunde", sagt Ralf heute – und er hat ganz sicher etwas darüber gelernt, was Nächstenliebe praktisch bedeutet.

So bauen Sie ein spirituelles Fundament

Tipp eins: Familienabende – Verbinden Sie Spiritualität und Spaß

„Familienabend: Das bedeutet bei uns Streit und hitzige Debatten mit Anfangs- und Schlussgebet. Bei uns funktioniert das einfach nicht." Kommt Ihnen das bekannt vor? Oder die folgende Aussage einer ratlosen Mutter:

„Wir haben es wirklich versucht. Es hat nicht geklappt. Meine zwölfjährige Tochter hat ständig die Augen verdreht, und als ich einen Bibeltext vorlesen wollte, haben unsere Zwillinge eine Schlägerei angefangen. Sicher, die Idee ist gut – aber wie kann ich meine Familie dazu bringen, das einzusehen und sich auch dafür zu engagieren?"

Zunächst einmal müssen wir uns klar machen, wozu Familienabende *nicht* da sind: Sie sollen nicht das Streitpotenzial Ihrer Familie vergrößern oder gar Schuldgefühle verstärken. Sie sollen vielmehr – einfach Spaß machen. Das Wichtigste ist, dass diese Abende allen Beteiligten ein Gefühl davon vermitteln: Wir gehören zusammen – durch dick und dünn. Lassen Sie sich – trotz aller vielleicht schlechten Erfahrungen der Vergangenheit – auf eine neue Art von Familienabend ein – eine Art, die Spaß macht und allen Beteiligten in schöner Erinnerung bleibt. Denn darum geht es doch schließlich, oder?

Familienzeiten sind fest eingeplante Zeiten, in denen man als Familie etwas Entspannendes tut und die Gemeinschaft miteinander einfach genießt. Da kann auch durchaus eine Andacht dazugehören, Singen, Vorlesen aus einem Andachtsbuch oder gemeinsames Gebet. Aber: Übertreiben Sie es nicht. Zehn Minuten sind oft wirksamer als eine ganze Stunde.

Familienzeiten sind zwar eine gute Gelegenheit, Werte und Glaubensinhalte zu vermitteln. Aber Vorsicht! Werte werden eher durch ein gutes Vorbild „aufgeschnappt" und übernommen als durch eine lange Rede vermittelt. Für uns stand im Blick auf den Familienabend Spaß miteinanderer immer an oberster Stelle unserer Prioritätenliste. Hier einige Tipps zur Gestaltung Ihrer Familienzeiten.

- Legen Sie nicht zu viel fest. Eine feste Struktur haben Ihre Kinder schon in der Schule, die immerhin einen Großteil des Tages einnimmt. Da müssen sie sich nicht auch noch bei Familienabenden wie in der Schule fühlen.
- Seien Sie flexibel. Sie haben vielleicht Ihr Lieblingsspiel hervorgeholt, während alle anderen lieber lesen möchten. Entspannen Sie sich und schließen Sie sich der Mehrheit an.
- Vergessen Sie nicht, worum es eigentlich geht – Sie wollen Beziehungen verbessern und den Zusammenhalt der Familie stärken. Achten Sie darauf, dass Zeit zum Reden und Herumalbern bleibt.
- Planen Sie entsprechend den Gegebenheiten in Ihrer Familie. Es soll kein neuer Stress entstehen, nur um die Familienzeit einzuhalten.
- Entspannen Sie sich. Es kann und muss nicht immer alles gleich auf Anhieb klappen. Etwas ist schief gegangen, na und? Kehren Sie die Scherben zusammen und nehmen Sie einen neuen Anlauf!
- Seien Sie hartnäckig beim Festlegen von Terminen. Lassen Sie sich nicht durch Termindruck oder Unlust von Ihrem Vorhaben abbringen. Familienzeiten müssen gezielt geplant werden, sie ergeben sich nicht von allein.

Vielleicht sind Sie bereits überzeugt, dass Familienzeiten wichtig sind. Dann haben wir hier fünf familienfreundliche Startvorschläge:

- Leihen Sie sich ein Video aus, versorgen Sie jeden mit seiner Lieblingssüßigkeit und kuscheln Sie sich aufs Sofa. Sprechen Sie nachher über den Film. „Welche Figur hat dir am besten gefallen? Warum? Würdest du dich genauso verhalten wie ...? Warum? Warum nicht? (Schon haben Sie ein ganz „unreligiöses" Gespräch über Werte und Handlungsmotive ...)
- Machen Sie einen Spieleabend mit attraktiven Preisen. Bei uns waren Tischtennisturniere immer sehr beliebt.
- Kochen Sie gemeinsam. Pizza ist immer eine gute Idee. Die Kinder können mit dem Teig matschen und sich ihren eigenen Belag

auswählen. Wie wäre es mit einem „Eisbecher á la surprise" zum Nachtisch? Besorgen Sie Eis in verschiedenen Geschmacksrichtungen, dazu Soßen, Nüsse, Bananen, Streusel, Schlagsahne und Kirschen. Jeder kann sich seinen Becher selbst zusammenstellen. (Vielleicht gestalten Sie an diesem besonderen Abend das Tischgebet etwas ausführlicher: indem Sie etwa besonders an Menschen denken, für die Sie beten, oder zuerst sammeln, worüber sich jeder an diesem Tag gefreut hat und wofür Sie gemeinsam danken können.)

- Besorgen Sie Karten für ein Fußballspiel Ihrer Lieblingsmannschaft – oder sonst ein Ereignis, an dem alle interessiert sind.
- Drehen Sie Ihr eigenes Familienvideo. Technisch Begabte können es mit Musik und Ton unterlegen. Vergessen Sie nicht den Abspann mit den Namen der „Schauspieler".

Jetzt sind Sie dran. Ihrer Kreativität sind keine Grenzen gesetzt!

Eines können wir garantieren: Mit Familienzeiten kommt Leben in die Bude. Und langweilig sind sie bestimmt nicht!

Tipp zwei: Fördern Sie Ehrlichkeit und Offenheit

Offenheit und Ehrlichkeit vermitteln Sie am besten durch das eigene Beispiel.

Diese beiden Grundhaltungen spielen in gesunden Familien eine große Rolle und sollten zum aktiven Wortschatz aller Eltern gehören. Wie schaffen Sie es, dass „Ehrlichkeit" und „Offenheit" die Begriffe sind, die Ihre Familienbeziehungen am besten beschreiben?

Offenheit bedeutet grundsätzlich die Bereitschaft, das mitzuteilen, was einem wirklich wichtig ist. Dazu gehören ebenso die Bereitschaft, Dinge transparent zu gestalten, und die Aufgeschlossenheit für neue Erfahrungen. Jemand, der offen ist, hasst es, in Routine zu verfallen, und ist bereit, Neues zu wagen.

Wann hat Ihre Familie das letzte Mal etwas Neues oder einfach anderes ausprobiert? Gestalten Sie Ihre Familienandacht diese Woche einmal anders. Machen Sie einen „Naturerkundungsgang" und staunen Sie gemeinsam über die Vielfalt und Schönheit der Schöpfung. Sie können eine Liste machen mit all den Beobachtungen, für die Sie am Ende der Tour besonders danken möchten. Oder Sie wenden zum Abschluss der Tour dafür das „Familien-Memory" an (s. S. 53f.).

Die zweite Grundhaltung ist „Ehrlichkeit". Das bedeutet einfach, dass die Wahrheit in Liebe und mit dem entsprechenden Mitgefühl gesagt wird. Sie können Ihre Kinder nicht täuschen. Sie kennen ihre Eltern genau. Wenn Sie also möchten, dass Ihre Kinder in einen persönlichen Glauben hineinwachsen, dann müssen Sie ehrlich zu ihnen sein. Spielen Sie keine felsenfeste Überzeugung vor, wenn Sie gerade selbst voller Zweifel sind. Seien Sie auch hier transparent. Auch Erwachsene haben Fragen, auf die es nicht immer eine schnelle Antwort gibt. Und Kinder können es durchaus aushalten, das mitzuerleben. Wenn Ihre Kinder an Ihnen erleben, dass Fragen und Zweifel kein Hindernis für einen lebendigen Glauben darstellen, werden Sie es leichter haben, sich mit ihren eigenen Fragen und Zweifeln an Gott zu wenden.

Wenn Sie möchten, dass Ihre Kinder in einen persönlichen Glauben hineinwachsen, dann müssen Sie ehrlich zu ihnen sein.

Sicher werden Sie auch Fehler machen, davor ist keiner geschützt. Zeigen Sie aber, auch vor Ihren Kindern, wie Gott in Ihrem Alltag vorkommt und wie Sie die Beziehung zu ihm konkret gestalten.

Offenheit und Ehrlichkeit können einer Familie ein starkes geistliches Fundament geben. Sie können dann die individuellen Interessen und die Einzigartigkeit jedes Familienmitglieds akzeptieren und speziell darauf eingehen. Arbeiten Sie an einer Atmosphäre der Offenheit und Ehrlichkeit in Ihrer Familie, Sie werden davon profitieren.

Tipp drei: Machen Sie Ihrer Familie das Geschenk des Gebets

Wenn Sie Ihren Kindern wirklich etwas bleibend Gutes mitgeben wollen, dann beten Sie mit ihnen! Das Gebet ist das größte Geschenk, das Sie Ihren Kindern machen können. Gewiss brauchen unsere Kinder (und Enkel) unseren Rat – schließlich haben wir ja auch mehr Lebenserfahrung als sie. Aber mehr als unseren Rat brauchen Sie den Schutz, den wir ihnen durch unsere Gebete geben können. Warten Sie nicht bis zur nächsten Krise, um das Beten zum Teil Ihres Tagesablaufs zu machen.

Freunde von uns haben uns mitgeteilt, wie sie für ihre Kinder beten:

- Wir bitten um Schutz und Bewahrung für unsere Kinder und Enkel.
- Wir beten anhand von Bibelworten für unsere Kinder. Zum Beispiel das Wort Jesu: „Lass sie nicht in Versuchung geraten" (Matthäus 6,13). Die Bibel als Gebetbuch stellt sicher, dass wir um die Dinge beten, die auch dem Willen Gottes entsprechen.
- Wir beten darum, dass unsere Kinder die richtigen Freunde finden. Der Gruppendruck besonders bei Jugendlichen kann heute enorm sein.
- Wir beten darum, dass unsere Kinder klare und gesunde moralische Maßstäbe entwickeln und sich daran halten. In einer Welt, die klare Grenzen verloren hat, in der nichts mehr richtig oder falsch ist, hat dieses Gebet besondere Bedeutung.
- Wir beten darum, dass unsere Kinder und Enkel den Schatz des Glaubens für sich entdecken und ihr Leben auf diesem Fundament bauen.

Beten Sie für Ihre Kinder – aber vor allem: Beten Sie mit ihnen.

Für uns waren noch einige andere Aspekte wichtig:

- Wir haben darum gebetet, dass Gott uns zeigt, wann ein Kind unseren Rat oder unsere konkrete Hilfe brauchte. Wir haben in dieser Hinsicht etliche interessante Gebetserhörungen erfahren. Wir haben auch für die künftigen Ehepartner unserer Söhne gebetet. Und dieses Gebet hat Gott ganzwunderbar erhört, denn wir haben drei absolut fantastische Schwiegertöchter.

● Eine gute Idee ist auch ein Gebetstagebuch. Wenn Sie darin blättern, können Sie sich immer wieder daran freuen, wie zuverlässig Gott ist, wenn sie sich an erhörte Gebete erinnern. Und es wird Sie ermutigen, selbst im Gebet zuverlässig zu sein. Gebet ist eine Investition, die sich ganz sicher reichlich auszahlt – auch für die künftigen Generationen Ihrer Familie.

Bei allem Gebet für Ihre Kinder vergessen Sie eines nicht: Beten Sie mit Ihren Kindern! Morgen- und Abendgebete, aber auch Tischgebete oder Gebete bei besonderen Gelegenheiten oder ein Segenswort, wenn Ihre Kinder morgens aus dem Haus gehen, sind gute Möglichkeiten, durch die Kinder ganz selbstverständlich in das Beten hineinwachsen.

Tipp vier: Freuen Sie sich an Gottes Welt

Die Arbeit läuft Ihnen nicht weg, auch wenn Sie sich die Zeit nehmen, sich an einem schönen Regenbogen zu erfreuen. Aber der Regenbogen wird nicht warten, bis Sie Ihre Arbeit erledigt haben. Vor kurzem haben wir nach einem kräftigen Regenschauer einen wunderschönen Regenbogen gesehen. Die schönen Farben am Himmel zu betrachten – das war ein Moment Entspannung pur. Es gibt auch Regenbögen der anderen Art – und die finden wir in unseren Familien.

Wir sind beide sehr aufgabenorientiert und stehen dabei leicht in der Versuchung, die Regenbögen in unserem Leben zu verpassen. Geht es Ihnen genau so?

Viele Eltern sind so damit beschäftigt, für ihre Kinder zu planen und zu sorgen, dass die die ganz einfachen Regenbögen verpassen:

● Ein schlafendes Kind in Ruhe betrachten.
● Einige Minuten extra investieren, zusammensitzen und lachen, wenn das Gespräch gerade gut läuft.
● Eine Kekspause einlegen. Backen Sie die Kekse nicht nur, nehmen Sie sich auch die Zeit, sie gemeinsam zu verspeisen!

- Sich Zeit nehmen, um mit den Kindern eine Fernsehsendung anzuschauen oder ihrer Lieblings-CD zuzuhören!
- Zu sagen: „Natürlich habe ich Zeit, um mit dir eine Runde zu spielen."
- Die Blumen im Garten oder im nahe gelegenen Park genießen.
- Die jungen Pflanzen im Gemüsebeet anschauen und auf die erste Zucchini warten.

Nehmen Sie sich jetzt einige Minuten Zeit. Suchen Sie die Regenbögen in Ihrer Familie und Ihrem Zuhause. Sie werden überrascht sein, was Ihnen alles einfällt! Am Abend können Sie die „Regenbögen" des Tages in ihrem Gute-Nacht-Gebet mit den Kindern als Dankeschöns aufnehmen.

Tipp fünf: Arbeiten Sie an Ihrer Vergebungsbereitschaft

Keine Beziehung kommt ohne Vergebung aus, zumindest ist das in unserer Familie so. Wir müssen uns ziemlich oft entschuldigen und um Verzeihung bitten.

Seien Sie ein Vorbild darin, Fehler zuzugeben. Entschuldigen Sie sich – auch bei Ihren Kindern.

Das hält die Kommunikation in Gang und hilft uns, wieder auf den anderen zuzugehen. Schon kleine Kinder können das „Vergebungsspiel" lernen. Klären Sie zunächst, was Vergebung eigentlich bedeutet. Dazu muss jeder den Satz beenden „Vergebung ist ...". Es werden interessante Sätze herauskommen, zum Beispiel: „Vergebung ist, dich nicht daran zu erinnern, dass du schon wieder vergessen hast, den Saft in den Kühlschrank zu stellen. Jetzt müssen wir ihn wegschütten." Oder: „Vergebung ist, dem Hund einen schönen, saftigen Knochen zu geben, nachdem er mich gerade erst gebissen hat."

Die Kinder sollen ruhig ihrer Fantasie freien Lauf lassen. Lesen Sie dann gemeinsam das Gleichnis über den unbarmherzigen Schuldner aus Matthäus 18,21–35 oder aus einer Kinderbibel.

Vergleichen Sie das mit der Vaterunser-Bitte: „Und vergib uns unsere Schuld, wie wir auch vergeben unseren Schuldigern" (Matthäus 6,12). Jesus geht hier davon aus, dass wir bereit sind, einem Menschen zu vergeben, der uns Unrecht getan hat. Oder Sie lesen mit Ihren Kindern das Gleichnis vom verlorenen Sohn (Lukas 15,11–24 (bzw. 31).

Machen Sie deutlich, dass Vergebung kein Gefühl ist, sondern eine Willensentscheidung. In solch einem Gespräch sollte auch darüber gesprochen werden, dass man niemanden zwingen kann, die vier kleinen Worte „Es tut mir Leid" zu sagen, wenn es nicht ehrlich gemeint ist.

Zwingen Sie Kinder nie dazu, eine formale Bitte um Entschuldigung auszusprechen – denn damit zwingen Sie sie zur Lüge. Man kann jemanden ermutigen zu sagen: „Ich hatte Unrecht. Ich habe etwas falsch gemacht. Kannst du mir bitte vergeben?" Aber ein nicht aufrichtig gemeintes und nur undeutlich genuscheltes „Es tut mir Leid" ist eine Lüge, die niemand hören will.

Fördern Sie in Ihrer Familie einen „fehlerfreundlichen" Umgangston. Fehler sind keine Katastrophen, sondern Chancen, es beim nächsten Mal besser zu machen.

Tipp sechs: Dreizehn Worte, die Ihre Familie verändern können

Der Autor Warren Wiersbe nennt eine Reihe von Worten, die eine Familie verändern können. Er hat es selbst so erfahren. Dreizehn Worte, die er seinen Kindern beibringen wollte, nicht indem er ihnen Vorträge darüber hielt, sondern indem er sie selbst häufig benutzte.

Die ersten beiden sind „bitte" und „danke". Diese beiden kleinen Worte können große Auswirkungen haben. Wenn man dem Rat folgt: Behandle deine Gäste wie Familienmitglieder und deine Familie wie Gäste und dann noch möglichst oft „bitte" und „danke" benutzt, dann ist das ein riesengroßer Beitrag zur Verbesserung des Familienklimas.

Vier weitere Worte sind „Es tut mir Leid". Eltern kommen sie oft nicht so glatt über die Lippen, aber wenn unsere Kinder uns dies sagen hören, werden sie merken, dass auch Mütter und Väter nur Menschen sind. Und sie werden diese Worte in ihren aktiven Wortschatz übernehmen.

Als nächstes kommt „Ich liebe dich", diese drei Wunderworte, die sich niemals abnutzen. Die letzten vier sind „Ich bete für dich". Kinder sollen ruhig wissen, dass ihre Eltern für sie beten. Irgendwann beten sie dann auch für ihre Eltern und man kann Gebetsanliegen austauschen oder auch gemeinsam beten.

Versuchen Sie es mit der „Goldenen Dreizehn". Vielleicht verändern sich die Dinge bei Ihnen zum Guten. Ob es etwas nützt werden Sie nicht erfahren, wenn Sie es nicht ausprobieren.

Familienprojekte: Wir bauen unser Glaubensfundament

Projekt eins: Bauen Sie Ihren persönlichen „Gedenk-Altar"

Im Alten Testament wird berichtet, dass das Volk Israel oft an Orten, an denen es eine besondere Tat Gottes erlebt hatte, Altäre errichtete oder Steinhaufen aufschichtete, um sich an die erfahrene Hilfe zu erinnern. Einer dieser Steinhaufen hieß „Ebenezer", im Hebräischen steht das für „Stein der Hilfe".

Diese Anregung hat eine befreundete Familie aufgegriffen. Sie hatten auf dem Gelände Ihres Hofes im Laufe von vielen Jahren so einen Steinhaufen aufgeschichtet. Auf jedem Stein stand ein Datum und eine kurze Beschreibung dieses „Meilensteins" in ihrem Familienleben: die Geburten der Kinder, das Datum des Baubeginns ihres Hauses, Hochzeiten, glimpflich verlaufene Unfälle etc. Nach einigen Jahren war das ein imposantes Gebilde!

Man muss aber nicht auf einem Bauernhof leben, um sein eigenes Ebenezer zu bauen. Sammeln Sie Steine, die Ihnen im Alltag begegnen oder kaufen Sie schön polierte Exemplare. Sie können auch mischen: Gefundene Steine als Erinnerung an Orte, die Sie besucht oder an denen Sie wichtige Entscheidungen getroffen haben oder an Häuser, die Sie verlassen mussten. Die polierten Steine sind Erinnerungen an Geburtstage, Hochzeiten, bestandene Prüfungen oder auch ganz alltägliche Dinge. Notieren Sie auf jedem Stein das Datum und den Anlass. Wenn nicht genug Platz ist, nummerieren Sie die Steine durch und schreiben Sie den jeweiligen Anlass in eine Tabelle: „Eins" stammt aus dem „Wald, in dem wir beschlossen zu heiraten"; „zwei" von dem „Strand in unseren Flitterwochen" und so weiter. Bewahren Sie die Steine in einer hübschen Schale in Reichweite auf.

Die Steine müssen auch nicht nur für Momente des Glücks stehen. Manchmal zeigen sich Gottes Liebe und Treue am deutlichsten in Tragödien und Krisenzeiten. Vielleicht vergibt jemand in Ihrer Familie ein Unrecht oder wird endlich fähig, Bitterkeit und Zorn zu besiegen. Das ist einen Stein wert. Vielleicht ist jemand gestorben – nehmen Sie einen Stein vom Friedhof mit. Sprechen Sie gemeinsam darüber, was dieser Todesfall für jeden in der Familie bedeutet. Sicher tauchen bei den Kindern viele Fragen auf. Sprechen Sie darüber, was Ihnen selbst angesichts des Todes Hoffnung und Trost gibt. Ihr „Gedenk-Altar" soll Sie und Ihre Familie daran erinnern, dass Gottes Hilfe immer und überall bereitsteht.

Projekt zwei: Verschicken Sie ein „Wir-denken-an-euch"-Paket

Möchten Sie, dass Ihre Kinder sich zu hilfsbereiten, Anteil nehmenden und selbstlosen Menschen entwickeln? Geben Sie Ihnen Gelegenheit, immer wieder einmal etwas für andere zu tun. Schicken Sie doch einmal ein „Wir-denken-an-euch"-Paket. Vielleicht kennen Sie jemanden, der in einem Land lebt, in dem westliche Konsumgüter nicht so einfach zu bekommen sind.

Finden Sie zunächst heraus, was diese Familie brauchen könnte. Gibt es Kinder im Schulalter? Lechzen sie nach Schokocornflakes und fertigem Pizzateig oder eher nach Vollwertprodukten? Werden für Geschenksendungen Steuern oder Gebühren fällig?

Würden sich die Kinder über Wasserfarben, Knete, Puzzle oder Gesellschaftsspiele freuen? Größere Kinder freuen sich bestimmt über altersgemäße Bücher.

Wenn Sie niemanden persönlich kennen, erkundigen Sie sich bei Ihrer Gemeinde. Oder beteiligen Sie sich doch an der Aktion „Weihnachten im Schuhkarton". Die Organisatoren sammeln Geschenkpakete zu Weihnachten für Kinder in Osteuropa, Afrika und Asien. Informationen über diese Aktion liegen etwa ab September in vielen Kirchengemeinden oder auch Geschäften aus. Informationen erhält man auch im Internet (www.weihnachten-im-schuhkarton.org).

Geben Sie Ihren Kindern immer wieder Gelegenheit, etwas für andere zu tun.

Lassen Sie die Kinder beim Aussuchen, Einpacken und Versenden helfen. Freuen Sie sich schon im Voraus auf die positive Aufregung, die Sie mit diesem Paket auslösen werden.

Wir selbst haben des Öfteren eine besondere Art von „Aufmunterungspaket" verschickt: Vielleicht kennen auch Sie jemanden, der gerade krank ist, oder ein Kind, das gerade eine kleine Aufmunterung braucht. Dann ist ein Überraschungs-Paket genau die richtige Therapie. Was in dem Paket ist? Das kann natürlich alles Mögliche sein. Bei uns war es häufig ein vorbereiteter Keksteig. Sie können den Teig mit Ihrem Kind gemeinsam herstellen, verpacken und zur Post bringen. Der Empfänger muss noch einige Kleinigkeiten hinzufügen und schon kann es losgehen. Das ist nicht nur für Sie eine schöne Erinnerung, sondern erst recht für den glücklichen Empfänger.

Hier das Rezept:

2 $^1/_2$ Tassen Schmelzflocken	3 $^1/_2$ Tassen Mehl
1 $^1/_2$ Teelöffel Salz	1 Tasse Schokoflocken
1 Tasse braunen Zucker	1 $^1/_2$ Teelöffel Backpulver
1 $^1/_2$ Tassen weißen Zucker	1 $^1/_3$ Tassen Margarine
1 Tasse Rosinen	

Vermengen Sie zunächst Mehl, Backpulver und Salz, danach die beiden Zuckerarten. Geben Sie die Margarine dazu und verrühren Sie das Ganze, bis ein geschmeidiger Teig entsteht. Geben Sie die Schmelzflocken dazu, achten Sie darauf, dass Sie sich ganz auflösen. Das ergibt ca. zehn Tassen. Teilen Sie den Teig in zwei Portionen und geben Sie jeden Teil mit jeweils der halben Menge an Schokoflocken und Rosinen in einen Plastikbeutel, den Sie sorgfältig verschließen.

Um den Teig zu verschicken, legen Sie ihn in eine gut verschließbare Blech- oder Plastikdose und dann in einen festen Karton. Polstern Sie die Lücken aus. Legen Sie noch folgende Anweisung bei:

> So werden aus dem Teig leckere Kekse:
> Inhalt des Beutels in eine Schüssel leeren. In die Mitte des Teiges ein Loch drücken und Folgendes zufügen: ein Ei, $^1/_3$ Tasse Milch, $^1/_2$ Teelöffel Vanille. Vermengen und mit einem Teelöffel kleine Häufchen auf ein ungefettetes Backblech setzen. Im auf 180° vorgeheizten Ofen 12–15 Minuten backen. Ein Beutel ergibt ca. 50 Kekse.

Gönnen Sie sich auf dem Heimweg von der Post etwas Gutes. Fragen Sie Ihre Kinder, wie die Aktion ihnen gefallen hat. In aller Regel haben Sie Ihr Kind ein Bibelwort ganz praktisch erfahren lassen: Helfen macht Freude – bzw. in biblischer Sprache: Geben macht glücklicher als Nehmen (Apostelgeschichte 20,35).

Projekt drei: Stellen Sie einen Selbstwert-Pass aus

Unsere Kinder sind – wie wir – als unverwechselbare Individuen, als Originale und Einzelstücke geschaffen. Dass sie leben, ist ein Beweis dafür, dass sie von Gott gewollt sind. Dieses Wissen: „Genau so, wie ich bin, bin ich von Gott gewollt, angenommen, geliebt und begabt" ist die allerbeste Grundlage dafür, ein gesundes Selbstwertgefühl zu entwickeln. Sich so bejaht zu wissen, kann vor allem Jugendlichen in den Phasen, in denen sie an sich selbst zweifeln, helfen, auch die Eigenschaften oder Begrenzungen zu akzeptieren, mit denen sie sich an sich selbst schwer tun.

Aber unsere Kinder brauchen unsere Hilfe, wenn es darum geht, für sich selbst zu entdecken, wie wertvoll und einmalig sie sind. Unseren Kindern ein gesundes Selbstwertgefühl zu vermitteln, ist nicht immer einfach. Aber als Eltern können wir einiges tun, um unseren Kindern die nötige Anerkennung zu vermitteln. Ein Hilfsmittel, das wir genutzt haben, war der „Selbstwertpass". Das geht so:

Gehen Sie die verschiedenen Lebensbereiche Ihres Kindes durch. Sprechen Sie mit Ihrem Ehepartner darüber; wenn Sie allein erziehend sind mit jemandem, der Ihr Kind gut kennt (Großeltern oder andere Verwandte oder enge Freunde). Überlegen Sie sich, wie Sie Ihrem Kind zu der Anerkennung verhelfen wollen, die es braucht.

Um Ihrem Kind zu vermitteln, dass es wertvoll und einmalig ist, können Sie gar nicht zu viel investieren.

Der Pass an sich kann ein Notizblock oder eine Art Tagebuch sein. Sie können ihn aber auch selbst herstellen und liebevoll gestalten. In diesen Pass können Sie folgende Rubriken aufnehmen (oder andere entwickeln, die auf Ihr Kind zutreffen). Sprechen Sie mit Ihrem Kind über die einzelnen Punkte (vielleicht thematisieren Sie nicht alle Fragen auf einmal, sondern gehen in kürzeren Abständen jeweils einen neuen Punkt an).

1. „Inwiefern bin ich einmalig?" Was ist besonders und einzigartig an mir?

2. „Wo muss ich noch wachsen?" Nennen Sie hier konkrete Bereiche, in denen in der nächsten Zeit ein Schwerpunkt des Engagements liegen soll, z. B.: „Lernen, nicht so schnell wütend zu werden" oder: „Skateboard fahren lernen" oder: „Bis zum Sommer die Namen aller Büsche und Blumen in unserem Garten kennen" usw.

3. „Wo zeige ich Mut?" Welche Risiken ist Ihr Kind eingegangen? Loben Sie es dafür.

4. „Was kann ich besonders gut?" Gehen Sie auf das ein, was Ihr Kind erreicht hat. Schreiben Sie die Punkte auf.

5. „Wo habe ich Humor bewiesen?" Nennen Sie Einzelheiten, bei denen es Ihrem Kind gelungen ist, eine schwierige Situation in einem positiven Licht zu sehen.

6. „Was Gott mir versprochen hat." Schreiben Sie hier ermutigende Sätze (biblische oder frei formulierte) auf, die Gottes Liebe und Annahme verdeutlichen, z. B.: „(Name) ist für mich so wichtig wie ein kostbarer Schatz." Oder: „Ich habe versprochen, dass ich mich immer um (Name) kümmern werde." Sie können hier auch den Taufspruch Ihres Kindes aufschreiben.

7. „Wie Gott mich hört." Schreiben Sie auf, welche Gebete Ihres Kindes erhört worden sind.

Vielleicht ist dies ein Projekt, das Sie gleich heute angehen sollten. Achten Sie darauf, dass die Formulierungen dem Alter Ihres Kindes entsprechen. Natürlich muss der Pass – ganz wie ein Reisepass – in regelmäßigen Abständen „verlängert", d. h. dem inzwischen erreichten Stand Ihres Kindes angepasst werden. Vielleicht machen Sie die jährliche „Passverlängerung" immer zu einem besonderen Tag – etwa immer zu Beginn der Sommerferien.

Projekte im Lauf des Kirchenjahres

Projekt eins: Geburtstagsparty für Jesus

Diese Tradition haben wir angefangen, als unsere Söhne noch ganz klein waren. Zu Weihnachten gab es Kuchen und Kerzen für Jesus – schließlich hatte er ja Geburtstag!

Wir mögen am liebsten Kokoskuchen, also backte Claudia den Kuchen, und ich raspelte die frische Kokosnuss. Die ganze Familie sang „Happy Birthday", und die Jungs durften die Kerzen auspusten.

Diese Feier machten wir immer Heiligabend, dazu gab es unser Lieblingsessen. Bevor wir uns auf den Kuchen stürzten, lasen wir die Weihnachtsgeschichte aus dem Lukasevangelium vor und gaben Jesus unsere Geschenke. Das waren keine richtigen Päckchen, sondern „Gutscheine" wie: „Im nächsten Jahr will ich mich bemühen, freundlicher zu meinen Brüdern zu sein" oder „Dankzettel" mit Ereignissen aus dem letzten Jahr, für die wir besonders dankbar waren. Die Geburtstagsparty endete mit einem „Gottesdienst bei Kerzenlicht" in unserer Gemeinde. Normalerweise beschenkt sich die Familie an Weihnachten, unsere Geschenke kamen erst, nachdem wir uns den Anlass für unsere Geschenke – Gottes Geschenk an uns – vor Augen geführt hatten.

Vielleicht lässt sich dieser Ablauf mit Ihrer eigenen Heilig-Abend-Tradition schlecht vereinbaren – aber Sie können etwa am Morgen des 24. Dezembers den Geburtstagskuchen mit Kerzen präsentieren.

Wenn Sie mit Ihren Nachbarn über den Glauben ins Gespräch kommen wollen, verlegen Sie diese besondere Geburtstagsfeier vor, vielleicht auf Anfang Dezember. Machen Sie Spiele, singen Sie, erzählen Sie die Weihnachtsgeschichte. Vielleicht finden Sie auch ein gemeinsames Projekt, wie Sie sich für Menschen in Not engagieren können.

Wenn Sie diese besondere Geburtstagsparty für Jesus planen, beziehen Sie auch die Kinder mit ein. Mit nur wenig Aufwand können Sie ganz gezielt darauf hinweisen, dass Jesus bei Ihnen zu Hause herzlich willkommen ist, und Sie können aus Weihnachten ein unvergessliches Fest machen.

Projekt zwei: Gestalten Sie Ihre eigene Krippe

Zu unserer Weihnachtsdekoration gehört eine ganz besondere Krippe. Die kleinen Salzteigfiguren sehen schon etwas mitgenommen aus. Einem Engel fehlen ein Flügel und der Heiligenschein, das Kamel steht nur noch auf drei Zahnstocherbeinen. Die Weisen aus dem Morgenland haben schon lange keine Geschenke mehr in der Hand – und doch: Diese Krippe ist das wichtigste Stück unserer Weihnachtsdekoration. Warum? Weil sie eine unserer schönsten Urlaubserinnerungen und unsere wichtigste Tradition geworden ist.

Alles fing mit einem Urlaub an, in dem unsere Söhne sich tödlich langweilten. Wir waren zu Besuch in den Vereinigten Staaten, und unsere Weihnachtsdekoration, einschließlich unserer Krippe, war in Österreich geblieben. Wir hatten viel Zeit, aber wenig Geld und noch weniger Basteltalent. Trotzdem entschlossen wir uns, unsere eigene Krippe zu basteln. Wir machten sie aus „Kreativton". Hier das Rezept:

> 1 Tasse Maisstärke, 2 Tassen Backpulver, 1 $^1/_2$ Tassen kaltes Wasser. Vermengen Sie Maisstärke und Backpulver, geben Sie dann das kalte Wasser dazu und erhitzen Sie alles unter ständigem Rühren bei mittlerer Hitze, bis die Masse aussieht wie Kartoffelpüree. Geben Sie alles auf einen Teller und decken Sie diesen mit einem feuchten Tuch ab, bis es soweit abgekühlt ist, dass Sie es anfassen können. Gut durchkneten. Wenn Sie den Teig nicht sofort verwenden, bewahren Sie ihn in einem luftdicht verschlossenen Gefäß auf. Bei Zimmertemperatur trocknen Ihre Kunstwerke in drei Tagen. Im Backofen bei 100° geht es schneller.

Wir formten kleine, ziemlich rustikale Figuren, ließen sie trocknen und bemalten sie anschließend mit Bastelfarbe. Dann gingen wir in den Wald und sammelten alles, was uns irgendwie geeignet erschien: Moos, Wurzeln, Eicheln, Stöcke, Steine und Tannenzapfen. Wir schleppten unsere Schätze nach Hause und bauten damit unsere Krippe auf einem Stück Sperrholz. Die Krippe war eine Wurzel, die mit einem Messer in Form gebracht worden und mit Moos bedeckt war. Die Tannenzapfen mussten als Bäume herhalten. Richtig fertig war die Krippe aber erst, als wir unsere selbst gemachten Figuren und Tiere in die Szene stellten.

Natürlich nahmen wir unser Kunstwerk mit nach Österreich. Von da an wurde ein Familienspaziergang im Wald in der Adventszeit zur Tradition, denn wir mussten ja jedes Jahr neu die „Naturmaterialien" sammeln. Das Hervorholen unserer selbst gemachten Krippenfiguren war immer etwas Besonderes – allen gebrochenen Flügeln und verschwundenen Kamelbeinen zum

Trotz. Sie erinnern uns an die wunderbaren Weihnachtsfeste der Vergangenheit.

Wenn sich bei Ihnen Langeweile ausbreitet, kramen Sie das Rezept für den „Kreativton" hervor. Machen Sie Ihre eigenen Krippenfiguren, sammeln Sie Material aus dem Wald, stellen Sie Ihre eigene Krippenszene zusammen und schaffen Sie damit ganz besondere Weihnachtserinnerungen für sich und Ihre Familie.

Übrigens: Auch heute noch vergeht keine Adventszeit ohne unsere alte Krippe. Unsere Enkel lieben sie und hören immer wieder gerne die Geschichte, wie ihre Väter sie damals gebastelt haben.

Projekt drei: Dornenkrone

Möchten Sie Ostern auch einmal auf besondere Art feiern? Dann machen Sie doch eine Dornenkrone. Beginnen Sie mit diesem Projekt zu Beginn der Passionszeit. Nehmen Sie irgendeinen dornigen Zweig, vielleicht von einer Kletterrose oder einer Brombeerpflanze. Formen Sie ihn zu einer Dornenkrone.

In einem Gespräch kann es darum gehen, was es für uns heute bedeuten könnte, dass Jesus bereit war, eine Dornenkrone zu tragen, und darüber, dass wir unsere Liebe zu Gott darin zeigen, dass wir anderen etwas Gutes tun.

Dann können Sie wieder kreativ werden, entweder mit unserem Kreativton, oder vielleicht sagt Ihnen dieses Rezept eher zu:

> 2 Tassen Mehl, 2 Teelöffel Salatöl, 4 Teelöffel …, Lebensmittelfarbe.
> Bei mittlerer Hitze erwärmen, bis eine geschmeidige Masse entsteht. Vorsicht, es geht sehr schnell! Einige Minuten kneten und in einem luftdicht verschlossenen Behälter aufbewahren. Der Teig kann problemlos mehrmals eingefroren werden. Wenn Sie das Öl weglassen, wird der Teig hart und kann bemalt und zum Abschluss lackiert werden.

Der Teig wird gerecht unter allen Familienmitgliedern aufgeteilt. Jeder färbt seinen Anteil mit Lebensmittelfarbe ein und bewahrt ihn in einer Plastiktüte auf. Jedesmal, wenn einer aus der Familie einem anderen etwas Gutes tut, nimmt dieser ein wenig von seinem Teig aus der Tüte, formt daraus eine Beere und steckt sie auf eine der Dornen der Dornenkrone. Bis Ostern ist dann hoffentlich aus diesem stacheligen Gebilde ein schöner Beerenkranz geworden. Freuen Sie sich gemeinsam darüber und danken Sie dafür, dass Dornen nicht Dornen bleiben müssen, dass Gott immer wieder neu mit uns anfängt und der Schöpfer neuen Lebens ist.

Projekt vier: Gestalten Sie einen Osterstrauch

Nehmen Sie einen oder mehrere schöne Zweige, Forsythien- oder Kirschzweige, auch Buchenzweige eignen sich gut, und stellen Sie sie in eine große Vase. Nun müssen Sie nur noch dekorieren:

1. Blasen Sie rohe Eier aus. (Sie wollten doch sowieso mal wieder Pfannkuchen machen, oder?)

2. Malen Sie die Eier an und lassen Sie in einem Eierkarton trocknen.

3. Jetzt kommt der richtig schöne Teil. Gestalten Sie die bunten Eier ganz nach Ihren Wünschen und Ideen mit den verschiedensten Materialien: Zackenlitze, Borte, Garn, Filz, der Fantasie sind keine Grenzen gesetzt. Einer unserer Söhne hat einmal auf seinem Ei ein leeres Grab aus Filz gemacht.
   Mit älteren Kindern kann man auch Bibelverse auf die Eier schreiben, die zu Ostern passen – oder die Taufsprüche der Kinder oder Gebetsanliegen.

4. Zum Aufhängen brechen Sie einen Zahnstocher in mehrere Teile, binden Garn um jedes Teil und führen es in eines der Löcher des Eis ein. Machen Sie eine Schlaufe in das andere Ende des Fadens – und schon können Sie das Ei an die Zweige hängen.

Genießen Sie Ihren Ostereierstrauch. Vielleicht finden Sie auch heraus, warum die Eier ein Ostersymbol geworden sind (ein schönes Projekt für eine gemeinsame Familienforschungsaktion). In einem alten Eierkarton lassen sich die Eier gut aufbewahren. Jedes Mal, wenn Sie den Karton hervorholen, weil es wieder Ostern wird, holen Sie auch wertvolle Erinnerungen hervor!

Projekt fünf: Sonntagsbegrüßung

In manchen Familien gibt es die Tradition der Sonntagsbegrüßung, die an die jüdische Sabbatfeier angelehnt ist.

Gestalten Sie das Abendessen am Samstagabend besonders festlich. Anschließend planen Sie vielleicht etwas Schönes für einen gemeinsamen Abend als Familie – einen Spieleabend, eine Vorlesestunde oder was für Sie „einen schönen Abend" ausmacht.

Das eigentlich Besondere ist das Abendessen, mit dem der Sonntag als Feiertag begrüßt wird. Brot und Wein oder Traubensaft werden herumgereicht und damit verbinden sich Lesungen biblischer Texte und kurze Gebete.

Wie Sie die Sonntagsbegrüßungsfeier konkret gestalten können, dazu gibt es Veröffentlichungen unterschiedlicher Verlage. In den Anmerkungen sind einige Titel genannt.[9]

Kapitel sieben

Starke Familien haben Sinn für Spaß und Abenteuer

*Wenn ein Mensch darauf bestünde,
immer ernst zu sein, und sich niemals auch nur
ein bisschen Spaß und Entspannung gönnte,
würde er verrückt oder unstet werden,
ohne dass er es überhaupt bemerkte.*
HERODOT

Als einer unserer Söhne bereits studierte, überraschte er uns eines Tages mit folgender Aussage: „Wisst ihr eigentlich, dass das ganz schön gefährlich war, was ihr gemacht habt?"

Wir wollten Näheres wissen.

„Ihr habt uns im Ausland aufwachsen lassen, weit weg von Verwandten, von unseren Freunden und unserer Kultur."

Wir mussten zugeben, dass einige nicht-österreichische Familien, die wir in Wien kannten, Probleme gehabt hatten, als die Kinder in die Pubertät kamen. Und wir kannten auch Ehen, die in die Krise geraten waren. Vielleicht hatte unser Sohn Recht. Es war schon ein Risiko gewesen. Wir wollten dann von ihm wissen: „Warum, glaubst du, ist es bei uns anders gelaufen als in vielen anderen Familien? Schließlich haben wir immer noch ein gutes Verhältnis zueinander und sind auch alle noch relativ zurechnungsfähig.“

Seine Antwort freute uns: „Ihr habt ein Abenteuer daraus gemacht. Unser Leben in Deutschland und Österreich hat einfach Spaß gemacht.“

Wir haben über dieses Gespräch oft nachgedacht. Egal wo Sie leben oder zu welchem Kulturkreis Sie gehören – ein Familienleben, das Spaß macht, ist unabhängig von den äußeren Gegebenheiten – und eine durchaus ernste Angelegenheit. Hier einige Anregungen, wie Sie Ihr Miteinander als Familie so gestalten, dass alle sich wohl fühlen und ein Hauch von Spaß und Abenteuer in der Luft liegt.

Tipp eins: Pflegen Sie den Humor

Ist Ihr Zuhause ein Ort, wo es vergnügt zugeht? Lacht man bei Ihnen viel? Es passiert sehr schnell, dass sich in einer Familie ein angespanntes Klima ausbreitet. Oder auch etwas Langweiliges. Dann beherrscht nur noch die Routine unseren Alltag. Wir nehmen uns selbst viel zu ernst. Macht es Spaß, zu Ihrer Familie zu gehören?

Wenn Sie jetzt vielleicht feststellen, dass Ihre Familie nicht gerade Weltmeister in Sachen Humor und Fröhlichkeit ist, lassen Sie sich nicht entmutigen. Manchen Menschen ist der Sinn für Humor und eine Frohnatur einfach in die Wiege gelegt. Andere müssen sich darum stärker bemühen. Aber: Jeder kann es lernen, die Dinge auch von ihrer heiteren Seite her zu sehen. Hier einige wertvolle Tipps:

- *Schauen Sie gemeinsam in alte Fotoalben und Erinnerungskisten.* Wir holten immer mal unsere College-Jahrbücher und die Hochzeitsfotos hervor. Die Jungs schüttelten sich vor Lachen, wenn sie ihre Mutter als Tambourmajorin sahen.
- *Schauen Sie sich einen lustigen Film an oder lesen Sie ein lustiges Buch.* Schneiden Sie aus der Tageszeitung die Cartoons aus und hängen Sie sie an gut sichtbarer Stelle zur allgemeinen Erheiterung auf.
- *Spielen Sie viel mit Ihren Kindern – lassen Sie aber Ihre Kinder das Spiel aussuchen.* Zieren Sie sich nicht, auch einmal etwas zu spielen, was Sie nicht können. Für Ihre Kinder wird es damit umso lustiger – und Ihrer Bescheidenheit tut es auch gut!
- *Zeigen Sie Ihren Kindern auch Ihre verletzlichen Stellen.* Erzählen Sie ruhig auch von den Dummheiten, die Sie begangen haben. Lernen Sie, über sich selbst zu lachen. Ist Ihnen heute etwas Komisches passiert? Erzählen Sie es den anderen. Sie werden merken: Familie kann auch Spaß machen. Zuhause kann durchaus eine entspannte und schöne Atmosphäre herrschen. Und das wiederum ist eine ernste Angelegenheit!

Tipp zwei: Würzen Sie Ihren Alltag durch kleine Überraschungen

Wie läuft Ihr Alltag? Unvorhersehbar oder langweilig? Mit Kindern kommt ja nicht so schnell Routine auf, aber wissen Ihre Kinder immer schon im Voraus, was Sie tun und wie Sie reagieren werden?

Warum steigen Sie nicht öfter einmal aus der Alltagsroutine aus und tun etwas Unerwartetes? Überraschungen bringen frischen Wind in die Beziehungen und würzen Ihren Alltag mit dem Geschmack des Besonderen. Einer unserer „Routinebrecher" war Popcorn zum Frühstück!

Wäre das auch etwas für Sie? Das Frühstück ist ja nicht unbedingt die fantasievollste Mahlzeit des Tages, ganz abgesehen davon, dass viele frühmorgens überhaupt nicht in der Lage sind, sich und andere zu überraschen. Aber unser Popcornfrühstück

Tun Sie öfter mal etwas Unerwartetes! So wird der Alltag nie langweilig.

gehört zu unseren bleibenden Erinnerungen. Als die Arp-Meute sich um den Tisch versammelte, stand auf jedem Platz eine Müslischale, mitten auf dem Tisch prangte eine riesige Schüssel randvoll mit Popcorn. Alle dachten: „Jetzt ist es soweit. Mama ist durchgedreht."

Claudia erklärte, dass Popcorn – wie die meisten Frühstücksflocken – schließlich auch aus Mais besteht. Joels Kommentar dazu: „Mama, so ein komisches Frühstück sollten wir mindestens einmal im Monat haben."

Es gibt jede Menge Rezepte für (fast) gesunde Kekse. Man kann sie mit Vollkorn- oder Hafermehl backen, mit Rosinen, Erdnussbutter oder Nuss-Nougat-Creme. Sie sollten nicht zur Standardernährung werden, aber ab und zu sind sie doch eine willkommene Abwechslung zum ewig gleichen Frühstück – besonders in den Ferien. Ist Ihnen nach einer echten Verrücktheit? Backen Sie Waffeln zum Frühstück – und servieren Sie dazu Eis. Ihre Familie wird begeistert sein, und Sie haben einige Pluspunkte gesammelt!

Überraschungen helfen, schwere Zeiten leichter zu ertragen – besonders da Sie ja überhaupt nicht wissen, was noch alles auf Sie zukommen wird.

Und wie ist es mit weiteren Überraschungen? Hier einige Vorschläge:

- *Entführen Sie Ihren Ehepartner oder Ihr Kind.* Denken Sie sich etwas Besonderes nur für Sie beide aus – Schwimmbadbesuch, Pizzaessen, Abenteuerspielplatz oder …
- *Geben Sie eine Party.* Nehmen Sie dazu einen sonst eher unspektakulären Anlass, zum Beispiel den Geburtstag des Hundes oder den ersten Schnee.
- *Tun Sie etwas Verrücktes.* Tragen Sie zum Mittagessen eine Pappnase oder deponieren Sie eine liebevolle Nachricht im Kühlschrank.
- *Tauschen Sie die Plätze bei Tisch.* Jeder darf sich so verhalten, wie die Person, auf dessen Platz er sitzt.
- *Veranstalten Sie einen „Verkehrte-Welt-Abend".* Jeder zieht seine Kleidung verkehrt herum an, dreht seinen Stuhl mit der Leh-

ne zum Tisch, und das Essen beginnt mit dem Nachtisch! Beim anschließenden Spiel gewinnt, wer als letzter ins Ziel kommt. Erfinden Sie weitere Verkehrtheiten.

- *Veranstalten Sie eine „Nacht der blauen Speisen".* Das ist schwierig, weil kein Lebensmittel von Natur aus blau ist. Verzichten Sie einen Tag auf die gesunde Ernährung und färben Sie verschiedene Lebensmittel mit blauer Farbe. Erbsen aus der Dose, Bananen, Kartoffelpüree, Reis, Milch, Pfannkuchen und Waffeln nehmen Lebensmittelfarbe gut an. Sie können sogar noch eine Chemiestunde mit einbauen: Schneiden Sie von einem Staudensellerie die Stiele ein Stück ab und hängen Sie diese in eine Mischung aus blauer Lebensmittelfarbe und Wasser. Lassen Sie Ihre Kinder im Laufe mehrerer Tage beobachten, wie die blaue Farbe langsam nach oben steigt, bis zu den Blättern. Servieren Sie den blauen Sellerie mit ebenfalls blau gefärbtem Frischkäse.

Unerwartete Aktionen machen Spaß, und wie bereits gesagt: Spaß in der Familie ist eine ernste Angelegenheit.

Alternativen zum Fernsehen

Als unsere Kinder klein waren, war der Fernseher das einzige elektronische Gerät, das die Aufmerksamkeit der Kinder zu sehr zu beanspruchen drohte. Heute müssen Eltern auch noch gegen die angeblichen Vorzüge von Computer, Videospielen, Gameboy und vielem mehr kämpfen, wenn sie mit ihren Kindern Zeit verbringen wollen. Wir wollen hier nicht die Vor- und Nachteile von Fernsehen und Computer diskutieren. Jeder hat seine Lieblingssendungen, und Computer und Internet sind schließlich auch praktisch für Hausaufgaben oder berufliche und private Nachforschungen. Wenn wir allerdings jede freie Minute vor irgendeinem Bildschirm verbringen, haben wir ein Problem.
Wie wäre es mit folgenden Alternativen?

Praxistipp

- *Lesen Sie mit der ganzen Familie ein Buch.*
- *Hören Sie mal wieder Radio oder Kassette. Unterhalten Sie sich über das, was Sie gehört haben.*

- *Machen Sie einen Ausflug – diesmal nicht in den Wald, sondern in eine Kunstgalerie oder ein Museum. Verlegen Sie die „Nachbesprechung" in eine Pizzeria.*
- *Gehen Sie ins Theater. Oft gibt es auch gute Schulaufführungen. Erkundigen Sie sich bei ihren örtlichen Schulen nach anstehenden Veranstaltungen.*
- *Besuchen Sie ein Konzert. Im Sommer finden oft kostenlose Open-Air-Konzerte statt. Vielleicht möchten Sie aber auch einmal in Karten für ein großes Sinfoniekonzert investieren – vorausgesetzt, Ihre Kinder wissen sich in solch einer Umgebung angemessen zu benehmen. Es gibt auch Musik, die sich besonders für Kinder eignet, zum Beispiel „Peter und der Wolf".*
- *Erkunden Sie, welche Sportarten man an Ihrem Wohnort ausüben kann. Es muss ja nicht immer Fußball sein. Wie wäre es mit Hockey, Tennis oder Inliner fahren?*
- *Und zum Schluss: Laden Sie oft Freunde ein. Machen Sie Gesellschaftsspiele oder Schnitzeljagden, singen Sie zusammen – etwa an einem Adventssonntag, veranstalten Sie einen Erzähl- oder Vorlesewettbewerb oder spielen Sie Scharaden. Sie werden feststellen, dass die beste Unterhaltung keinen elektronischen Bildschirm braucht. Vielleicht entdecken Sie sogar bis dahin verborgene Talente!*

Tipp drei: Feiern Sie Ihre Familie

Wie lange ist es her, dass Sie bei sich zu Hause kräftig gefeiert haben? Oft warten wir mit diesen privaten Großveranstaltungen auf besondere Gelegenheiten wie Geburtstage oder Urlaub und fühlen uns dann überfordert. Deswegen empfinden wir auch viele Feiern als pure Verpflichtung. Wie kann man das ändern und gleichzeitig das Familienleben ein bisschen aufregender machen?

Keine Gelegenheiten zum Feiern? Werden Sie erfinderisch!

Wir müssen nicht auf eine große Gelegenheit warten – aber wir müssen es ein wenig langsamer angehen lassen. Nehmen Sie sich heute einige Minuten Zeit und lassen Sie all diese besonderen Menschen, mit denen Sie zusammenleben, an Ihrem inneren Auge vorbeiziehen. Gibt es in den kommenden Wochen irgendeinen besonderen Grund zum Feiern?

Fällt Ihnen nichts ein? Wir haben einige Vorschläge.

- Steht etwas Besonderes an? Ist jemand mit seinem Fußballverein aufgestiegen? Hat ein Kind gelernt, sich allein anzuziehen?
- Hat jemand etwas Besonderes erreicht? Ist Ihr Ehepartner befördert worden, hat Ihr Kind bei einem Konzert vorgespielt oder eine Urkunde im Sport errungen?
- Gibt es ein Jubiläum zu begehen? Vielleicht ist Ihnen vor einem Jahr eine Katze zugelaufen oder Sie wohnen jetzt fünf Jahre im eigenen Haus.
- Feiern kann man auch einen Sonnenaufgang oder die herbstlich gefärbten Blätter.
- Feiern Sie auch, wenn etwas abgeschlossen wurde – ein Kind wird seine Zahnklammer los oder die letzte Rate für das Auto ist bezahlt.
- Feiern Sie den ersten Mittwoch in der Woche (oder den letzten, je nach Stimmungslage).
- Feiern Sie auch einmal ganz ohne Grund. Helfen Sie Ihrer Familie heute, all das Gute zu schätzen, das wir haben und über das wir uns freuen können. Ihre Lieben werden sich sicherlich gern anschließen!

Tipp vier: Gemeinsame Schmökerstunden

Haben Sie schon einmal eine Reise nach Narnia gemacht? Das ist ideale Vorleselektüre für Kinder im Grundschulalter. Kaufen Sie sich einen Band der Narniageschichten von C. S. Lewis, und schon kann die Reise losgehen![10] Machen Sie es sich nach dem Abendessen gemütlich und lesen Sie, wie Edmund, Lucy, Susan und Peter nach Narnia gelangen und dort den Löwen Aslan treffen.

Als wir diese Geschichten mit unseren Kindern gelesen haben, bekamen wir ein neues Familienmitglied: ein Kuscheltier in Gestalt eines niedlichen Löwen, den wir natürlich Aslan nannten. Noch lange, nachdem das letzte Buch beendet war, erinnerte er uns an Narnia. Wir haben ihn immer noch, auch wenn er im Laufe der Jahre unter den Liebesbezeugungen unserer Söhne gelitten hat.

Investieren Sie ruhig in eine Reise nach Narnia. Vielleicht wird daraus eine Familien-Lesetradition. Es gibt jede Menge guter Kinderbücher, und wenn Ihre Kinder größer werden, kann es doch durchaus auch einmal ein Krimi sein (und Sie können einen Preis aussetzen für denjenigen, der als Erster den entscheidenden Tipp auf den Täter abgibt).

Gemeinsames Lesen kann zu einer wunderbaren Gelegenheit werden, schöne Erinnerungen für später zu schaffen. Wenn Sie kleine Bastler in der Familie haben – warum machen Sie nicht einmal einen kombinierten Bastel- und Vorlese-Nachmittag? Oder Sie lassen sich das Bügeln versüßen, indem Ihnen jemand aus einem Lieblingsbuch vorliest.

Praxistipp

So überwinden Sie die Winterdepression

Der Januar ist einer der Monate, die uns das Leben so richtig schwer machen. Die aufregende Advents- und Weihnachtszeit ist vorüber, und wir kämpfen mit den üblichen weihnachtlichen Auswirkungen auf Figur und Kontostand. Das Wetter ist auch nicht dazu angetan, die Stimmung zu heben. Wir haben hier einige Vorschläge, mit denen Sie und Ihre Familie wieder in Schwung kommen:

- *Probieren Sie ein neues Rezept aus und schmieden Sie beim Essen Pläne für den Sommer.*
- *Nehmen Sie Kontakt zu jemandem auf, von dem Sie lange nichts gehört haben. Schicken Sie eine Ich-denk-an-dich-Karte an jemanden, von dem Sie wissen, dass er gerade eine kleine Aufmunterung gebrauchen kann.*
- *Machen Sie mitten im Wohnzimmer ein Picknick, vergessen Sie dabei auf keinen Fall das karierte Tischtuch.*
- *Machen Sie einen Schaufensterbummel der anderen Art.*

*Wenn Sie in einem Schaufenster etwas sehen, was Sie
bereits haben, schreiben Sie es auf. Mit Kindern kann man
daraus einen kleinen Wettbewerb machen. Wer entdeckt die
meisten „Besitztümer"? Die meisten von uns haben nämlich
mehr, als uns bewusst ist. Wenn Sie wieder Zuhause sind,
können Sie ein kleines „Danke-Fest" veranstalten.*

* *Besuchen Sie jemanden im Krankenhaus oder im Altenheim.
  Nach der Weihnachtszeit nehmen nämlich dort die Besuche
  von karitativen Organisationen auch meist deutlich ab.*
* *Wenn Schnee liegt, organisieren Sie eine Schneeballschlacht
  oder einen Schneemannwettbewerb mit den Nachbarn.
  Probieren Sie es aus. Im Nu werden sowohl der Januar als
  auch Ihre trübe Stimmung vergangen sein.*

Familienprojekte mit hohem Spaßfaktor

Projekt eins: Familien-Dia/Video/PowerPoint-Show

Es war ein kaltes, regnerisches, langweiliges Wochenende. Dave
war geschäftlich unterwegs, und Claudia war mit allen drei Jungs
zu Hause. Das Energieniveau unserer Söhne schien nicht recht
zum Wetter zu passen, und Claudia war alles andere als begeistert
von der Aussicht, nach einer sehr hektischen Woche das ganze
Wochenende in unserer Wohnung verbringen zu müssen. Aus der
Verzweiflung heraus entstand folgende Idee: Wir stellen für Papa
eine Diaschau zusammen. Angefangen von unserer Verlobungszeit
über die Geburt der Kinder begann die Schau Gestalt anzunehmen. Wir nahmen auch eine Kassette auf, und jeder Junge erzählte von seiner Geburt und seinen frühen Kinderjahren. Wir hatten
so viel Spaß miteinander, dass der gegen die Fenster prasselnde
Regen uns überhaupt nicht mehr auffiel.

Viele Jahre und etliche Enkelkinder später überraschten unsere
inzwischen erwachsenen Söhne und ihre Familien Claudia zu
einem runden Geburtstag auch mit einer Diaschau – diesmal allerdings auf technisch neuesten Stand per PowerPoint-Präsentation.

Darin enthalten waren – neben allerlei klugen Ratschlägen zum Thema „Gelassen älter werden" – wunderbare Fotos von den tollsten Enkelkindern der Welt (unseren!). Die Technik hat sich verändert, das Prinzip nicht: Es ging und geht darum, glückliche Momente und schöne Erinnerungen festzuhalten.

Die Gestaltung so einer Erinnerungsschau hängt ab von der Technik, die Ihnen zur Verfügung steht: ein Dia- oder Filmprojektor (ja, auch diese Dinger gibt es noch!), ein Videorecorder oder eine Ausrüstung zur digitalen Bildbearbeitung, einschließlich Scanner.

Auf jeden Fall aber sollten die Kinder einen lustigen Begleittext schreiben, der dann entweder dazugelegt oder in die Präsentation mit eingebracht wird, etwa aufgesprochen auf eine Kassette. Alte Fotos können in den Computer eingescannt werden, man kann aber auch mit einer Videokamera Fotos aus dem Familienalbum aufnehmen.

Machen Sie aus der Präsentation der Schau eine große Sache und lassen Sie die Kinder auch die vermeintlich schwierigen Aufgaben erledigen. Wenn sie aktiv an der Gestaltung mitarbeiten dürfen, stärkt das ihr Selbstwert- und das Zusammengehörigkeitsgefühl.

P.S.: Bleiben Sie, wenn möglich, technisch auf dem neuesten Stand. Wenn Sie nur eine Videokamera haben, bitten Sie jemanden, die Aufnahmen auf CD zu brennen.

Fragen Sie Bekannte, ob sie sich an den nötigen Investitionen beteiligen, damit auch sie die alten 8-mm-Kinderfilme ihrer Eltern digital überarbeitet sehen oder die alten Tonbandaufnahmen von dem eigenen Kinder-Kauderwelsch mit moderner Technik hören können.

Projekt zwei: Veranstalten Sie ein Abendessen mit Schatzsuche

Jeder stellt sich gerne vor, wie es wäre, einen verborgenen Schatz zu finden. Nutzen Sie diese Fantasien für ein besonderes Abendessen.

Bereiten Sie eine einfache Mahlzeit, die aus Dingen besteht, die sich leicht verstecken lassen: Möhren, Bananen, Brötchen etc. Verstecken Sie alles in Schubladen, Schränken oder unter den Möbeln. Machen Sie ein Menu mit mehreren Gängen daraus, und geben Sie nach jedem Gang Hinweise, wo der nächste Gang zu finden ist. Wenn Sie kreativ sind, verfassen Sie diese Hinweise in Gedichtform.

Fantasie macht aus dem Alltäglichen ein Fest.

Mit dem ersten Hinweis startet die Schatzsuche. Sobald etwas gefunden wurde, darf es gegessen werden. Gestalten Sie die Hinweise so, dass Ihre Kinder sich zwischendurch auch bettfertig machen. Dann wird der Hauptgang gesucht (machen Sie es nicht zu aufwändig, belegte Brote reichen!), und zum Schluss der Nachtisch.

Nach der Schatzsuche gehen die Kinder direkt zu Bett, und die Eltern haben Zeit für ihr eigenes Abendessen, vielleicht als Candlelight-Dinner mit schöner Musik und einem guten Gespräch. Wenn Sie allein erziehend sind, gönnen Sie sich auch Ihr Lieblingsessen und kuscheln Sie sich dann mit einem guten Buch aufs Sofa. Oder Sie organisieren einen Babysitter und gehen mit einer Freundin oder einem Freund aus.

Wenn Sie der Ehrgeiz packt, können Sie so eine Schatzsuche auch zum Thema eines Kindergeburtstags machen. Dann gibt es eine echte „Schatzkiste" mit Preisen für jedes Kind, die entsprechend dem Motto des Tages als Piratenkiste oder Rittertruhe gestaltet ist. Lassen Sie Ihrer Fantasie freien Lauf! Ihr Kind wird sich sicher gerne an diesen schönen und aufregenden Geburtstag erinnern!

Krafttraining: Karamell-Ziehen

Haben Sie schon mal etwas vom „Karamellziehen" gehört? Nein? Vielleicht deshalb, weil es eine alte amerikanische Tradition ist. Wir selbst haben sie allerdings auch erst in Deutschland entdeckt. Seit Generationen haben Familien beim Karamellziehen ihren Spaß miteinander gehabt. Es empfiehlt sich

Praxistipp

für diese Aktivität einen Muskelprotz in der Familie zu haben – oder Teenager, die etwas für ihre Fitness tun wollen. Auch für kleine Kinder eignet sich das Karamellziehen gut, sie können sich dabei so richtig verausgaben. Das Geheimnis dabei heißt: Ziehen, ziehen, ziehen. Für alle tapferen und muskelstarken Familien hier das Rezept:

Vanillekaramell

1 $1/_4$ Tassen Zucker	$1/_4$ Tasse Wasser
2 Teelöffel milder Essig	1 $1/_2$ Teelöffel Butter

Geben Sie alle Zutaten zusammen und kochen Sie die Masse ohne umzurühren bei mittlerer Hitze. Geben Sie Acht, dass die Masse nicht zu hart wird oder zu leicht bricht. Geben Sie $1/_2$ Teelöffel Vanillearoma dazu. Gießen Sie alles auf eine eingefettete Platte und lassen Sie es gut abkühlen. Wenn beim Einstechen eine deutlich sichtbare Delle bleibt, ist es gerade richtig. Formen Sie die Masse zu einer Kugel und ziehen Sie diese zwischen den Fingerspitzen so lange auseinander, bis sie leicht und durchlässig erscheint. Das ist richtig anstrengend! Sie können noch Aroma oder Lebensmittelfarbe nach Geschmack dazugeben, und dann die Kugel zu langen, dünnen Streifen rollen. Diese schneiden Sie in Stücke von ca. drei Zentimetern und bewahren sie in gut verschlossenen Blechdosen auf. Mit der Zeit werden die Karamellsticks weicher und cremiger. Vorsicht: Karamell speichert Hitze. Wenn Sie zu früh mit dem Ziehen beginnen, besteht die Gefahr, dass Sie sich die Finger verbrennen. Fetten Sie auch vorher Ihre Hände ein. Es gibt viele verschiedene Karamellrezepte zum Ausprobieren – aber die Hauptsache ist, dass die ganze Sache Spaß macht.

Projekt drei: Planen Sie bewusst für den Sommer

Wir wissen nicht, wie es Ihnen geht – aber die Sommerferien bedeuten für Eltern mit kleinen Kindern jedenfalls eines nicht: Entspannung. Selbst wenn Sie als Familie in den Urlaub fahren – diese Wochen des Jahres müssen gestaltet werden. Und nach dem

Familienurlaub bleiben immer noch drei oder vier Ferienwochen. Und Sie wollen sicher nicht an jedem Tag das alte Lied hören: „Mama, mir ist so langweilig …". Aber dem Ferienstress können Sie ein Schnippchen schlagen. Übernehmen Sie dieses Jahr die Kontrolle über den Sommer. Das Schlüsselwort dafür heißt: Planung. Verabreden Sie diese Woche mit Ihrem Partner ein „Sommer-Planungstreffen". Dabei sollten Sie die folgenden drei Fragen beantworten:

Sechs Wochen Sommerferien – für Eltern nicht immer die reine Erholung. Beugen Sie Langeweile-Tagen vor.

1. *Was?* Was möchten Sie in diesem Sommer erreichen? Möchten Sie die Beziehung zu Ihren Kindern verbessern? Möchten Sie Ihrem Kind mehr Selbstvertrauen vermitteln? Möchten Sie, dass Ihr Kind ein neues Hobby kennen lernt? Möchten Sie als Familie gemeinsam ein neues Land, eine neue Stadt oder Gegend kennen lernen? Ihre Ziele für den Sommer richten sich nach Ihren Antworten auf diese Fragen. Vergessen Sie auch Ihre Partnerschaft nicht – wie wäre es, wenn Sie auch Zeiten für sich als Paar einplanen – ein „Sommernachts-Rendezvous" oder einen gemeinsamen Tagesausflug? Auch Ihre Beziehung braucht diese „Nur-du-und-ich"-Zeiten (erinnern Sie sich?). Planen Sie also auch Zeiten für sich ganz allein ein.

2. *Wie?* Jetzt wird es praktisch. Wie können Sie die gesteckten Ziele erreichen? Machen Sie eine Liste mit möglichen Aktivitäten. Museums- oder Ausstellungsbesuche, einen Schwimmkurs buchen, einen regelmäßigen Papa-und-Sohn-Nachmittag oder -Abend, Ausflüge in die Leihbücherei und ein anschließendes Schmökerstündchen in der Hängematte … Schreiben Sie alles auf, was Ihnen an Möglichkeiten einfällt. Und dann kommt das Entscheidende:

3. *Wann?* Tragen Sie sich für all diese Vorhaben feste Termine ein (sonst bleibt es möglicherweise bei der guten Idee). Machen Sie

einen vorläufigen Plan für die Sommerferien. Jeder Mittwoch könnte zum Beispiel zum Kindertag werden, an dem Sie sich intensiv mit Ihren Kindern beschäftigen oder besondere Dinge planen. Der Samstagnachmittag dagegen könnte Ehepaarnachmittag werden, wo Sie als Ehepartner Zeit füreinander haben.

Wenn Sie kein Freund von Terminplanern sind – es ist auch gut, eine Liste mit „Programm für Langeweile-Tage" in der Schublade zu haben. So gehen Ihnen die Ideen nicht aus.

Wenn Sie Ihren Sommer so planen, werden Sie sich nicht über „Ferienstress" ärgern müssen.

Machen Sie aus Ihrem Garten einen Zirkus

Praxistipp

Suchen Sie nach einer guten Idee für den nächsten Kindergeburtstag? Oder nach einer Idee für eine „Party ohne jeden Anlass"? Werden Sie zur Zirkusfamilie. Ihre Kinder werden begeistert sein und sich sofort in die Planung und Vorbereitungen stürzen.

• Zunächst einmal brauchen Sie eine Gästeliste. Bei kleineren Kindern hat sich folgende Regel bewährt: Pro fünf Kinder brauchen Sie einen Helfer (ein älteres Geschwisterkind, einen Teenager oder einen erwachsenen Bekannten). Die Einladungen können Sie mit Luftballons gestalten. Blasen Sie sie auf, schreiben Sie die Einladung mit Filzstift darauf, lassen Sie die Luft wieder heraus und verteilen Sie die Ballons an Ihre Gäste. Jeder soll sich als Artist verkleiden (Clown, Akrobat, Dompteur) und sein Lieblingstier als Kuscheltier mitbringen.

• Machen Sie aus großen Pappkartons Käfige für die „wilden" Tiere, die Sie nach Herzenslust mit Fingerfarbe, Filzstiften, Tapetenresten oder Geschenkpapier bunt gestalten. Alle Kartons werden mit einem Seil untereinander verbunden. Mit Seilen, dem Gartenschlauch oder Ähnlichem markieren Sie in Ihrem Garten verschiedene Manegen. Jede Artistengruppe (Tänzer, Sänger, Clowns, Jongleure) hat ihre eigene Manege und gibt für die anderen eine Vorstellung. Fetzige Musik darf nicht fehlen.

- *Nach der Vorstellung gibt es Kuchen oder Kekse in Tierform und Saft. Wenn die kleinen Artisten abgeholt werden, sind sie wahrscheinlich erschöpft, aber glücklich, und nehmen eine schöne Erinnerung mit nach Hause.*

Projekt vier: Schreiben Sie Ihren Familienstammbaum

Familienforschung ist seit etlichen Jahren ein beliebtes Hobby. Mit Hilfe des Internets und anderer Hilfsmittel betreiben viele Menschen die Suche nach den eigenen Wurzeln. Das ist ein schönes Hobby, das Sie – in etwas einfacherer Form – für Ihre Familie übernehmen können. Gestalten Sie zusammen mit Ihren Kindern Ihr persönliches „So-sind-wir"-Album. (Übrigens: Mit einem solchen Projekt können Sie etliche Ferientage füllen.)

Sie brauchen eine Kladde oder ein Notizbuch, das einen schön gestalteten Umschlag haben sollte. Wenn mehrere Kinder und Erwachsene gleichzeitig an dem Projekt arbeiten sollen, arbeiten Sie mit einem schönen Ringordner und losen Einzelblättern, die man einheften kann. Jedes Familienmitglied schreibt nun persönliche Erinnerungen auf – zunächst aus dem eigenen Leben: schöne Erlebnisse, besondere Höhepunkte, kluge Einfälle, lustige und komische Ereignisse, Missgeschicke, besondere Eigenschaften, glückliche Momente ... es wird alles zusammengetragen, was für jemanden bedeutsam war. Dann folgt eine zweite Runde – diesmal schreibt jeder über die anderen (dabei sollte aber der gegenseitige Respekt nicht verloren gehen). Wenn Sie die Ergebnisse der ersten Runde „geheim halten", können Sie später vielleicht einige Überraschungen erleben – wer sich woran erinnert und was andere an Ihnen beobachtet oder wahrgenommen haben. Sammeln Sie alle Blätter in Ihrem „So-sind-wir"-Album, und verschönern Sie sie noch mit Zeichnungen oder indem Sie Erinnerungsstücke einkleben oder es sonst verzieren. Hier einige Ideen, was sich vielleicht aufzuschreiben lohnt:

- Witzige Aussprüche der Kinder
- Familienereignisse

- Interessante Neuigkeiten von Freunden und Verwandten
- Pleiten, Pech und Pannen
- Erste Berufswünsche Ihrer Kinder
- Kinderfragen, die Sie in Verlegenheit gebracht haben – oder Ihnen neue Erkenntnisse bescherten
- Lieblingsbücher, -geschichten, -filme und Kommentare dazu
- „Chronikblätter" – vielleicht notieren Sie ab und zu einmal einfach, was an einem ganz normalen Tag geschah (in zwanzig Jahren können solche Notizen an Bedeutung gewonnen haben ...) Eine Bekannte führte über sechzehn Jahre solch ein Buch, und für die ganze Familie war es immer wieder eine Quelle der Unterhaltung:
- Kelly, die mit vier Jahren dachte, sie könne fliegen, und zu diesem Zweck durchgestylte Anzüge entwarf
- Stewart, der am Flughafen New York auf dem aufgetürmten Familiengepäck einschlief
- Die Logik von Susie, die verkündete: „Ich kann meine Schuhe zubinden, den Basketball unter meinen Knien durchdribbeln und mir sogar schon die Nase putzen. Ich muss bereits sechs sein und nicht erst vier."

Warum nicht jetzt damit beginnen? Es ist nie zu spät, Erinnerungen festzuhalten! Und: Dieses Projekt können Sie über lange Zeit weiterführen. Selbst wenn Ihre Kinder erwachsen sein werden, lässt sich darauf noch gut zurückgreifen – bei Familienfeiern aller Art werden Sie es als Quelle für unterhaltende Beiträge dankbar wahrnehmen.

Projekt fünf: Gemeinsame Ziele verfolgen

Sich Ziele zu setzen ist eine Sache, sie zu erreichen eine ganz andere! Ziele gemeinsam zu stecken und auch zu erreichen wird den Zusammenhalt in Ihrer Familie stärken. Hier einige Vorschläge:

1. Versuchen Sie, jedem Familienmitglied jeden Tag auf irgendeine Art und Weise zu zeigen: Ich hab dich lieb!

2. Überlegen Sie sich möglichst viele Wege, wie Sie in Ihrer Familie jedem vermitteln können: Du gehörst zu uns. Wir gehören zusammen. Wir halten zusammen.

3. Freuen Sie sich an Ihrer Unterschiedlichkeit. Jeder in der Familie ist ein Individuum. Finden Sie Wege, die Einzigartigkeit jedes Einzelnen zu betonen – und zu feiern. Unterstützen Sie jeden in seinen/ihren Stärken und helfen Sie, an Schwächen zu arbeiten.

4. Gestalten Sie Ihr Zuhause so, dass es Spaß macht, dort zu leben.

5. Sagen Sie Ihrer Familie etwas, was sie aufbaut, nichts, was sie runterzieht.

6. Nehmen Sie den Augenblick wahr. Die einzige Zeit, die uns wirklich gehört, ist das Heute. Grämen Sie sich nicht über die Vergangenheit und geben Sie Ihre Sorgen um die Zukunft an Gott ab. Nehmen Sie jeden Tag so, wie er ist. Das Gestern können wir nicht mehr ändern, und die Zukunft liegt für uns im Dunkeln. Denken Sie daran: Die Liebe ist der Kleber, der Familien zusammenhält.

Schlussgedanken

Wählen Sie ein Familienmotto

„Der klügste Ratschlag zur Kindererziehung?
Genieße sie, solange sie noch auf deiner Seite sind!"
UNBEKANNT

In den vergangenen Kapiteln haben wir uns sieben Geheimnisse starker Familien angesehen. Wir hoffen, dass das Lesen für Sie eine Ermutigung war. Vielleicht haben Sie auch hier und da einmal Ihre eigene Familie wiedererkannt. Es tut immer gut zu merken, dass man einige Dinge auch richtig macht.

Vielleicht sind Ihnen aber auch Bereiche aufgefallen, die durchaus verbesserungswürdig sind. Hoffentlich konnten wir Sie anregen, einige der Vorschläge einfach auszuprobieren und zu entdecken: Es gibt Wege, den Familienzusammenhalt zu fördern, die noch dazu Spaß machen. Und wir hoffen, dass Sie ganz neu etwas davon entdeckt haben, welches Glück (und welche Verantwortung) darin liegt, eine Familie zu haben – und welche Chancen Sie haben, das Leben Ihrer Kinder mit glücklichen Erinnerungen und lebensnotwendigen Fähigkeiten zu bereichern.

Familienleben ist immer eine Baustelle. Sorgen Sie dafür, dass genug Liebe als Mörtel vorhanden ist.

An welchem Punkt Sie auch immer gerade sind, eine Familie befindet sich nie im Stillstand. Es gibt keine perfekte Familie, auch unsere war es sicherlich nicht. Auch wir haben Fehler in unserer Erziehung gemacht – fragen Sie unsere Söhne. Wenn Sie sie allerdings fragen würden, ob wir sie lieben, bzw. ob sie uns lieben und wir zueinander stehen, dann würden Sie sicherlich ein ganz klares „Aber sicher" hören.

Haben wir Ihnen gezeigt, wie man zu einer perfekten Familie kommt? Sicher nicht. Wenn wir die Familien unserer Söhne betrachten, müssen wir zugeben, dass auch sie nicht perfekt sind. (Obwohl – unsere acht Enkel sind schon nah dran!)

Was wir sagen wollen ist: Familie ist immer eine Baustelle. Aber auf dieser Baustelle ist eines immer möglich: Wir können uns lieben und einander unterstützen. Eines Tages können Sie, wie wir, die Früchte Ihrer Arbeit genießen. Sie können ein gutes Verhältnis zu Ihren erwachsenen Kindern und künftigen Enkeln haben. Aber alles beginnt bei Ihnen.

Entdecken Sie die Freude an Ihrer Familie (vielleicht müssen Sie sie auch wieder neu entdecken) und versuchen Sie, ihre Stärken herauszufinden und zu entwickeln. Und dafür ist es nie zu spät, egal, ob die Kinder im Kindergarten sind oder in der Pubertät.

Suchen Sie sich ein Familienmotto

Wir haben noch einen Vorschlag für Sie, vielleicht ist das auch der, mit dem Sie heute beginnen möchten: Suchen Sie sich ein Familienmotto.

Wie würden Sie Ihre Familie gerne beschreiben? Machen Sie eine Liste und überlegen Sie als ganze Familie ein Motto, das Sie dann an gut sichtbarer Stelle aufhängen. Unser Lieblingsmotto war: „In unserer Familie bauen wir einander auf. Es gibt schon genug andere, die uns niedermachen."

Unsere Kinder haben damals die Augen verdreht, aber sie haben die Botschaft verstanden. Heute beobachten wir mit großer Freude, wie sie ihre eigenen Kinder ermutigen. Bei der Formulierung des Mottos ist kein Raum für Sarkasmus. Suchen Sie Ermutigendes wie „Einer für alle, alle für einen!" oder „In unserer Familie gehen wir auf das Problem los, nicht auf den anderen."

Ein Familienmotto ist ein starker Identifikationsfaktor.

Sie müssen sich auch nicht für alle Zeiten auf ein Motto festlegen, das haben wir auch nicht getan. Manchmal war unser Motto eher humoristisch: „Kein Problem ist so groß, dass eine große Portion Eis es nicht lösen könnte." Oder: „Auch Verrücktheiten erhalten die geistige Gesundheit einer Familie!"

Warum ist ein Motto wichtig? Es wird Ihre Kinder stärker prägen, als Sie im Moment vielleicht vermuten – natürlich nur, wenn es nicht nur auf dem Papier steht, sondern in Ihren Alltag übersetzt wird. Es gibt Ihren Kindern zudem das gute Gefühl, den Boden zu kennen, auf dem sie wachsen, etwas, das feststeht und auf das sie sich beziehen können.

Ein Motto hilft Ihnen, Ihre Familie in einem positiven Licht zu sehen und einander Bestätigung zu geben. Wie denken Sie über Ihre Familie? Negative Gedanken können durch ein positives Familienmotto überwunden werden.

In gesunden Familien ist die positive Bestätigung der Faktor, der alles zusammenhält. Kinder, die in einem Umfeld der Ermutigung aufwachsen, haben ein ausgeprägteres Selbstbewusstsein als andere. Familien, die die Gemeinschaft miteinander genießen und sich gegenseitig unterstützen, erleben fast automatisch stabilere und positivere Beziehungen. Schreiben Sie auf, wie Sie heute Ihre besonderen Familienstärken weiter entwickeln können, und wählen Sie aus Ihrer Liste einen Punkt aus, den Sie gleich umsetzen möchten. Vergessen Sie dabei nicht: Letzten Endes sind Sie das Vorbild, an dem sich die anderen orientieren.

Kinder lernen, was sie leben

Jahrelang hing an unserem Küchenschrank ein Gedicht, das uns stets daran erinnerte: Ihr seid die Vorbilder für eure Söhne. Sie sind es, von denen Ihre Kinder lernen, wie man zusammenarbeitet und Verantwortung übernimmt. Lesen Sie es einmal – als eine Art Spiegel für sich selbst.

Kinder lernen, was sie leben
von Dorothy Law Nolte

Kinder, die mit Kritik leben,
lernen zu verdammen.
Kinder, die mit Feindschaft leben,
lernen zu kämpfen.
Kinder, die mit Spott leben,
lernen, sich zurückzuziehen.
Kinder, die mit Scham leben,
lernen, sich schuldig zu fühlen.
Kinder, die mit Ermutigung leben,
lernen Vertrauen.
Kinder, die mit Toleranz leben,
lernen Geduld.
Kinder, die mit Lob leben,
lernen Wertschätzung.
Kinder, die Annahme erfahren,
lernen zu lieben.
Kinder, die mit Anerkennung leben,
lernen, sich selbst zu mögen.
Kinder, die mit Aufrichtigkeit leben,
lernen, die Wahrheit zu lieben.
Kinder, die mit Sicherheit leben,
lernen sich selbst und anderen zu trauen.
Kinder, die mit Freundlichkeit leben,
lernen: Die Welt, in der ich lebe, ist ein guter Ort.[11]

Womit leben Ihre Kinder? Was vermitteln Sie Ihnen – Kritik oder Ermutigung? Beschämung oder Anerkennung? Was prägt die Atmosphäre in Ihrer Familie? Kinder lernen, was sie (er)leben.

Vielleicht denken Sie: Wenn ich das alles umsetzen wollte – *das kostet zu viel Zeit und Mühe.* Ja, es kostet Zeit. Ja, es kostet Mühe. Aber dieser Einsatz lohnt sich uneingeschränkt, denn ohne ihn wird das glückliche Familienleben nicht stattfinden. Sparen Sie nur nie am Faktor Zeit!

Ein Bekannter erzählte von folgendem Versuch: „In diesem Jahr haben wir einen wunderbaren Ferienplan ausgearbeitet. Zusammen mit vier befreundeten Familien haben wir ein Ferienhaus für zwei Monate gemietet – für jedes Paar zwei Wochen, mit allen dreizehn Kindern."

„Was – Urlaub mit dreizehn Kindern?! Das soll Erholung sein?"

„Natürlich nicht", war die Antwort. „Die zwei Wochen waren eine komplette Katastrophe. Die Erholung – das waren die sechs Wochen ohne die Kinder!"

Vielleicht lachen wir darüber. Aber leben wir nicht zu oft – vielleicht unbewusst – mit dem Empfinden: Die Kinder stören … Sie stören meine Pläne, sie hindern mich an vielem, was ich sonst tun könnte, sie beanspruchen mich, wenn ich abgespannt und ausgelaugt bin. Und man sehnt sich nach einer kinderfreien Zeit.

Verpassen Sie die vielen Gelegenheiten nicht, h e u t e Ihre Familie zu genießen.

Vielleicht wünschen Sie sich nicht gerade, dass die Kinder aus dem Haus sind. Vielleicht zeigen Sie Ihnen nur immer wieder mit kleinen Reaktionen: „Du störst mich." „Ich habe jetzt keine Zeit." „Jetzt nicht." „Frag doch Papa/Mama." „Siehst du nicht, dass ich beschäftigt bin?" Oder Sie entfernen sich innerlich von ihnen. Kindererziehung als Lebenserfüllung? Das soll wohl ein Witz sein?!

Wenn wir unser Leben mit Terminen voll stopfen oder durch unsere Tage hetzen, leiden unsere Beziehungen. Das Gespräch verstummt. Wir wissen immer weniger voneinander. Zu viele Eltern hetzen durch die Jahre, in denen die Kinder im Haus sind – und wenn diese Zeit vorbei ist, stellen sie fest, dass sie die Gelegenheit verpasst haben, ein starkes Fundament für bleibende Beziehungen zu legen und Erinnerungen an glückliche Zeiten miteinander zu schaffen. Sie können es uns glauben – diese Zeit geht schneller vorbei, als man glauben möchte.

Heute ist die Gelegenheit, Ihre Kinder zu genießen und Ihren positiven Einfluss auf ihr Leben auszuüben. Eine Bekannte hat diese Erkenntnis in der folgenden Meditation zusammengefasst.

Nutellaküsse

Das Baby bekommt Zähne. Die Kinder schlagen sich. Dein Mann hat gerade angerufen und gesagt: „Esst schon mal ohne mich." Es ist einer der Tage, an denen du explodierst und die Kinder anschreist: „Warum werdet ihr nicht endlich erwachsen?" Und genau das werden sie tun.

Oder: „Geht nach draußen und beschäftigt euch irgendwie. Und knallt ja nicht mit der Tür!" Und sie tun es nicht. Du räumst ihre Zimmer auf, das Spielzeug kommt ins Regal, Hosen und Pullover in den Schrank, die Tiere in den Käfig. Und du rufst: „Ich möchte, dass das jetzt immer so bleibt!" Und das wird es auch.

Du sagst: „Keiner unterbricht mich beim Telefonieren. Kein Gebrüll. Habt ihr verstanden!" Und niemand wird antworten. Keine Plastiktischdecke mehr mit Ketchupflecken. Keine Löwenzahnsträuße mehr. Keine Aufbügelflicken für die Hosen. Keine verknoteten Schuhbänder, schmutzigen Schuhe oder Haargummis für den Pferdeschwanz.

Stell dir bloß mal vor – ein perfekt geformter Lippenstift, kein Babysitter mehr für Silvester, nur noch einmal in der Woche die Waschmaschine anstellen. Keine dämlichen Schulspiele mehr, in denen dein Kind ein Baum ist. Keine dröhnende Stereoanlage. Keine Weihnachtsgeschenke aus Knete und Zahnstochern. Keine feuchten Nutellaküsse. Keine Zahnfee. Kein Kichern im Dunkeln, keine aufgeschlagenen Knie zum Küssen oder klebrige Finger zum Abwaschen. Nur eine Stimme, die fragt: „Warum wirst du nicht endlich erwachsen?" Und aus der Stille das Echo: „Schon passiert."

Sie können es ruhig glauben: All diese schwierigen, verrückten, wunderbaren, frustrierenden Jahre, die man mit Babywickeln, Spielsachen aufräumen, trösten, schimpfen, Chauffeur spielen, Waschen, Waschen, Waschen verbringt – all diese Jahre lohnen sich. Sie werden mit Freude sehen, dass Ihre Kinder einen guten Start hatten. Nicht nur die vielen unwiederbringlichen glücklichen Momente miteinander sind der Lohn, auch eine bleibende liebevolle Beziehung zu dem erwachsenen Kind – ganz zu schweigen zu den eventuellen Enkeln.

Jetzt ist die Zeit, um in die Familie zu investieren, das Positive zu betonen und entscheidende Gespräche zu führen. Die Zeit, um mit Meinungsverschiedenheiten großzügig umzugehen, Ihren Kindern Verantwortungsbewusstsein zu vermitteln. Die Zeit, Gott zu loben, gemeinsam zu beten und zusammen zu spielen. Jetzt ist die Zeit, nicht nur zu wissen, was eine starke Familie ausmacht – sondern eine zu haben!

Anhang

Wie dieses Buch entstand

Seit mehr als 25 Jahren arbeiten wir als Ehe- und Familienberater. Unsere Arbeit gründet sich auf ausgiebige vergleichende Studien einschließlich einer Studie über die Stärken von Familien, an denen über 17 000 Familien in mehr als 25 Ländern teilnahmen. Wir haben im Laufe der Jahre 30 Bücher zum Thema Ehe und Familie geschrieben.

Für das von den Vereinten Nationen 1994 ausgerufene Internationale Jahr der Familie erstellten wir eine der 16 Vorlagen. Innerhalb der letzten zehn Jahre haben wir mit vielen Familien in Europa und den Vereinigten Staaten gesprochen – in der Hoffnung, noch besser zu verstehen, welche Faktoren dafür ausschlaggebend sind, dass Familien einen starken Zusammenhalt und einen hohen Grad an Zufriedenheit und Zuneigung zueinander entwickeln. Dafür haben wir u. a. auch mit der Außenstelle der Vereinten Nationen in Wien zusammengearbeitet, im Blick auf die Fragen, was starke Familien weltweit richtig machen und wie Traditionen von einer Generation an die andere weitergegeben werden.

Die aus diesen Studien und Gesprächen gewonnenen Erkenntnisse haben wir mit unseren eigenen Erfahrungen kombiniert. Das Ergebnis ist hoffentlich eine Hilfe für Familien, auch für Ihre, ihre Stärken zu entdecken und sie weiter auszubauen – und das so, dass aus einer ernsten Angelegenheit (Familien stark machen) Spaß wird. Wir wünschen uns und Ihnen, dass dieses Buch Ihnen Mut macht, die Stärken Ihrer Familie zu entdecken und sich daran zu freuen.

David und Claudia Arp

Die Autoren:

Claudia und David Arp sind Eltern von drei Söhnen. Inzwischen sind sie auch Großeltern von acht Enkelkindern.

Seit fast 30 Jahren sind sie in der Ehe- und Familienberatung tätig, seit 1995 verstärkt auch in Deutschland. Sie leben in Great Falls, Virginia.

Sie sind Autoren etlicher Bestseller zu Ehe- und Erziehungsfragen, darunter:

- „Und plötzlich sind sie 13 oder: Die Kunst, einen Kaktus zu umarmen. So begleiten Sie Ihr Kind durch die Teenagerzeit"
- „Mit dem Kopf durch die Wand. ‚Anstrengende' Kinder verstehen und begleiten"
- „Liebe ist kein Zufall. Was glückliche Paare richtig machen"

Mehr über Claudia und David Arp erfahren sie unter: www.marriagealive.com.

Anmerkungen:

Einführung:

[1] Darunter sind z. B. Namen wie Nick Stinnet, John DeFrain, David Olson und Bell Silliman.

Kapitel 1:

[2] Diese Vorschläge stammen aus dem Buch *How to Have All the Energy You Need Every Day* von Pat King, Living Books, 1986.

[3] Entnommen aus hhtp://www.ianr.unl.edu/pubs/family/nf439.htm

[4] Ross Campbell, *Kinder sind wie ein Spiegel: ein Handbuch für Eltern, die ihre Kinder richtig lieben wollen*, Marburg: Francke, 28. Aufl. 1999.

Kapitel 2:

[5] *Building Family Strengths: A Manual for Families*, Universität Nebraska – Lincoln, Department of Human Development and Family Departments of Conferences and Institutes, März 1986, S. 42.

Kapitel 3:

[6] Aus: Alan Loy McGinnis, *The Friendship Factor*. Augsburg Fortress Publishers, 2004.

Kapitel 4:

[7] Vgl. James Dobson, *The Strong-willed Child*. Focus on the Family, 2001. Ausführlicher zum Umgang mit temperamentvollen Kindern: Claudia und David Arp, *Mit dem Kopf durch die Wand*, Gießen: Brunnen, 4. Aufl. 2003.

[8] Fritz Ridenour, *What Teenagers Wish Their Parents Knew About Kids*. Waco, TX: Word Publishers, 1982, S. 172.

Kapitel 6:

[9] Einen Vorschlag für die liturgische Gestaltung dieser Feier gibt der Präsenz-Verlag der Jesus-Bruderschaft in Gnadenthal heraus. Etwas ausführlicher ist die Sonntagsbegrüßungsfeier beschrieben in: Christoph Joest, *Aus Gottes Fülle leben*. Gießen: Brunnen, 2003, S. 45ff.

Kapitel 7:

[10] C. S. Lewis, *Die Chroniken von Narnia*, 7 Bde., Moers: Brendow 2000. Besonders zu empfehlen: Band 1: *Der König von Narnia*.

Schlussbemerkungen:

[11] (c) 1972/1975 Dorothy Law Nolte.

Claudia und David Arp

Und plötzlich sind sie 13
oder: *Die Kunst,*
einen Kaktus zu umarmen

So begleiten Sie Ihr Kind
durch die Teenagerzeit

27. überarbeitete Auflage

242 S., gebunden,
ISBN 3-7655-1858-1

Jugendliche zwischen 13 und 16 sind so ausgeglichen wie ein Jojo und so zugänglich wie ein Kaktus, sie hausen in einem Chaos, das sie ‚mein Zimmer' nennen und tauchen dreimal am Tag auf, um etwas Essbares hinunterzuschlingen und die Familie anzuknurren … Lernen Sie, die Teenagerzeit für sich und Ihre Kinder bewusst zu gestalten: durch Hinsehen, Unterscheiden, Loslassen, Entspannen …

Die Teenagerzeit – keine latente Dauerkrise, sondern eine einmalige Gelegenheit für Eltern, den Weg ihrer Kinder zu Verantwortung und Selbstständigkeit bewusst zu lenken. Claudia und David Arp zeigen in praktischen Beispielen, wie Eltern ihre Kinder als „Ermutigungsteam" unterstützen und begleiten können.

„Ein köstliches Buch, das weder von idealen Eltern noch von idealen Teenagern ausgeht."
F. Klenk, Jugendseelsorgerin

Deutsche Auflage über 225.000 Exemplare!

Claudia und David Arp

Mit dem Kopf durch die Wand

„Anstrengende" Kinder verstehen und begleiten

4. Auflage

224 S., Paperback,
ISBN 3-7655-1245-1

Kinder zu erziehen gehört zu den lohnendsten Aufgabe im Leben. Und es ist immer eine Herausforderung. Aber es gibt Kinder, die ihre Eltern in besonderer Weise fordern: temperamentvolle, willensstarke kleine Energiebündel, die bei den kleinsten Alltäglichkeiten „mit dem Kopf durch die Wand" gehen wollen und Eltern allein durch ihre Energie nicht selten an Grenzen der Kraft und manchmal auch der Geduld und der Weisheit bringen können.

Wie können Eltern temperamentvolle Kinder begleiten, ohne permanent über ihre eigenen Kräfte zu leben? Wie kann aus der „Kraftprobe" Erziehung ein gemeinsam gestaltetes Beziehungsfeld leben.

Claudia und David Arp zeigen auf, dass in den schwierigen Verhaltensweisen Ihrer Kinder Botschaften enthalten sind, die es zu verstehen gilt, und wie Eltern auf diese Botschaften antworten können.

Claudia und David Arp

Liebe ist kein Zufall

Was glückliche Paare richtig machen

176 S., Paperback,
ISBN 3-7655-1297-4

Das Glück in der Liebe – jeder wünscht es sich. Aber viele erleben, dass Harmonie und Erfüllung für beide Partner sich auch in einer festen Beziehung sich eben nicht von selbst einstellen. Ist das Glück in der Liebe also eine unverfügbarer „Laune des Schicksals", ein „Glücksfall", der dem einen beschert ist und dem anderen eben nicht?

David und Claudia Arp kommen in ihrer langjährigen Arbeit als Eheberater zu einem anderen Ergebnis.
Auf das Glück in der Liebe muss niemand tatenlos warten. Man kann sehr viel dafür tun. Denn eine gute Partnerschaft ist eine Sache der Entscheidung. Nicht einer einzigen und einmaligen Entscheidung („Ja, ich will" ...), sondern vieler kleiner Alltagsentscheidungen. Für eine erfüllende, harmonische Partnerbeziehung kann man sich entscheiden ... und vieles, was dem Glück in der Liebe im Wege steht, lässt sich vermeiden.

BRUNNEN VERLAG GIESSEN
www.brunnen-verlag.de